Festas nas águas
Fé e tradição nos rios e mares do Brasil

Realização   Patrocínio   Apoio

Expediente

Coordenação Editorial
Peter Milko

Editor Executivo
Roberto Amado

Diretora de Arte
Walkyria Garotti

Pesquisa de Texto
Marcus Vinicius de Araujo

Chefe de Arte
Diogo Franco do Nascimento

Produção Editorial e Iconografia
Marli Garcia

Mapa
Sírio Cançado

Foto de capa
José Caldas/Tempo Editorial

Revisão
José Inácio Silva

Produção Gráfica
Mauro de Melo Jucá

Tratamento de Imagem
Retrato Falado

Impressão
Prol Gráfica

Dados Internacionais de Catalogação na Publicação (CIP)
(Câmara Brasileira do Livro, SP, Brasil)

Amado, Roberto
   Festas nas águas : fé e tradição nos rios e mares do Brasil / Roberto Amado - São Paulo : Editora Horizonte, 2011.
   132p.

   ISBN 978-85-88031-32-6

   1. Água - Aspectos religiosos 2. Cultura popular - Brasil 3. Festas religiosas - Brasil I. Título.

11-02004   CDD: 306.66390981

Índices para catálogo sistemático:

1. Brasil : Festas populares religiosas : Cultura popular : Sociologia   306.66390981

Editora HORIZONTE

Av. Arruda Botelho, 684 - 5° andar - CEP 05466-000 - São Paulo - SP - Tel. 55 11 3022-5599
Fax: 55 11 3022-3751- E-mail: redacao@edhorizonte.com.br - www.edhorizonte.com.br

Todos os direitos reservados. Nenhuma parte desta publicação pode ser reproduzida ou transmitida por qualquer meio sem a permissão por escrito da Editora Horizonte.

© Copyright 2011 Editora Horizonte - Audichromo Editora Ltda.

▲ Algumas das principais festas populares do Brasil ocorrem em procissões fluviais, nas quais se pratica a devoção pelos ícones religiosos e pelas águas

Índice

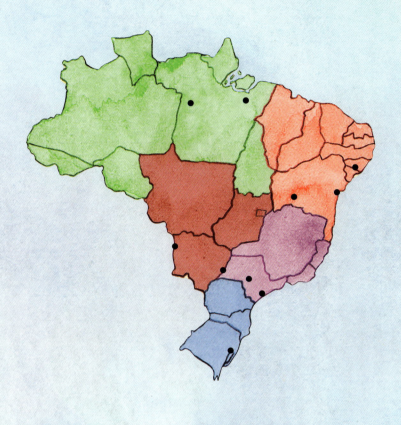

8 Introdução

Região Norte
14 Círio de Nazaré
26 Sairé

Região Nordeste
36 Iemanjá
48 Bom Jesus da Lapa
56 Bom Jesus dos Navegantes

Região Centro-Oeste
66 Nossa Senhora dos Navegantes
74 Banho do São João

Região Sudeste
84 Bom Jesus de Iguape
92 Festa do Divino

Região Sul
102 Nossa Senhora dos Navegantes

Brasil
110 Água, fonte da vida

▲ Exemplo de devoção e participação popular, a festa de Iemanjá, em Salvador, Bahia, é um dos mais importantes eventos populares do país

A água através dos tempos

Desde os primórdios da civilização, o homem relaciona a água com seus objetos de paixão, fé e idolatria. Afinal, nossa história de vida está intrinsecamente ligada ao mais precioso liquido do planeta.

A água, além de ser um elemento essencial à vida, é capaz de motivar conflitos e guerras, empreendimentos grandiosos e adoração mística e religiosa. No Velho Testamento, Noé é escolhido para se salvar, junto com seus animais, da inundação que Deus submete a Terra para limpar a maldade dos homens. A água, símbolo da pureza, limpa, santifica, enobrece. Para os alquimistas, mais do que isso, é uma das representações da substância primordial.

Ao longo da história do homem, a água vem ocupando um papel central nas inquietações humanas sobre a vida e a morte. Na mitologia grega, Poseidon (ou Netuno), deus das águas, do mar e dos rios, tinha, desde o Monte Olimpo, o poder sobre as tempestades e os ventos — e tanto podia garantir a segurança dos marinheiros como a destruição de seus navios, de acordo com sua vontade.

Inspiradora de divindades mitológicas, a água, como fonte primordial da vida, é uma noção universal. Na maioria das religiões, o precioso líquido é tido como matéria fundamental e a maior parte das cosmogonias considera a água o mais antigo dos elementos.

▼ Poseidon (ou Netuno), Deus das águas, do mar e dos rios, tinha o poder sobre as tempestades e os ventos

▲ Segundo o Velho Testamento, Noé e seus animais são escolhidos para se salvar da inundação que Deus submete a Terra para limpar a maldade dos homens

Os filósofos pré-socráticos sustentavam que o universo é gerado de uma matéria única e original, "a prima matéria" – entre elas, a água. Thales de Mileto, que viveu entre 625-548 a.C. e supostamente adquiriu conhecimentos da civilização egípcia, ao descobrir que a Terra era redonda também concluiu que a água é a origem de todas as coisas, observando como os campos inundados ficavam fecundos depois que as águas do Nilo retornavam ao seu delta. Para ele, tudo que existe, seja humano, animal ou vegetal, contém umidade – e quando a umidade desaparece, cessa a existência. Ou seja, a água se encontra constantemente presente na vida. Segundo Platão, "o ouro tem muito valor e pouca utilidade comparado à água, que é o elemento mais útil da vida e não lhe damos o devido valor". Já Homero considera a água a origem de todas as coisas e, até, dos próprios deuses.

Se levarmos em conta que a humanidade passou, ao longo de sua história, por pelo menos duas grandes revoluções – a agrícola e a industrial – a água esteve presente nas duas, na irrigação e no vapor. Mas, também, sempre esteve presente, como elemento fundamental, nas grandes pragas e guerras do planeta, causando dor, sofrimento e morte.

Apesar disso, a água tem sido componente fundamental de evolução e desenvolvimento. Há aproximadamente 50 mil anos, a Terra passou por seu último período de glaciação, levando o *Homo sapiens*, que então surgia, a procurar zonas mais quentes para se estabelecer.

Festas nas águas 9

Não por acaso, podemos encontrar sinais e fósseis desses primeiros representantes da nossa espécie em locais em que a água era abundante – nos vales dos rios Tigre e Eufrates, na antiga Mesopotâmia, do rio Indu, na Índia, do rio Amarelo, na China, e no lago Biwa, no Japão.

Uma das marcas da história foi quando o homem começou a fazer a água ser produtiva, por meio do controle dos rios e da agricultura, os germes da civilização humana. Foi graças ao manejo da água realizado pela civilização suméria, na Mesopotâmia, que a humanidade pôde ter excedentes de alimentos e, pela primeira vez, se reunir para planejar e executar obras hidráulicas. Os sumérios desviaram o curso dos rios, plantaram em suas várzeas e construíram barragens com canais de drenagem e sistemas de distribuição de água para irrigação agrícola.

À medida que as civilizações se desenvolviam, a água não só foi consolidando sua importância como fator essencial ao progresso como também reforçou seu papel político de poder e cultura – o que vem acontecendo até hoje. Mas, no decorrer dos séculos, agregou outros conceitos a seu uso – como, por exemplo, o de higiene e conforto e, mais recentemente, como produto das relações entre a sociedade e o meio ambiente. E surge, também, a hidrologia médica, ramo da ciência que estuda o poder medicinal das águas minerais.

▲ Para os hindus, o rio Ganges, que atravessa a Índia, é sagrado e palco de rituais religiosos

10 Introdução

Hoje, cercados pelas questões que envolvem o uso da água e a falta de disponibilidade, principalmente nas grandes concentrações populacionais, o homem volta sua preocupação para essas questões e pondera sobre o consumo consciente da água e a poluição dos rios. Agora, vivemos a época de encontrar soluções práticas de abastecimento e combate à escassez. Mas permanece, intocada, a adoração que se faz ao precioso líquido, manifestada das mais diferentes formas.

Uma é a presença da água associada a nossas festas populares, sempre com um cunho religioso. Nessas ocasiões, a água é elemento de purificação, de onipresença, de espiritualidade e de conforto emocional. É com ela que as manifestações populares encontram o elemento vital para dar vazão à adoração religiosa, mística ou espiritual. Ela é fruto de milagres, banha imagens santas para promover a purificação, abriga deuses, resgata crenças cujas origens se perdem no tempo. Mais do que vida, a água promove esperança.

▼ Na Igreja do Bonfim, em Salvador, a lavagem das escadarias é um ato de fé sincrética entre o catolicismo e o candomblé

Festas nas águas 11

Norte

Círio de Nazaré, PA

Sairé, PA

Círio de Nazaré
Belém, PA

A santa que comove a cidade

Todos os anos, durante a última quinzena de outubro, a cidade de Belém, no Pará, passa por uma verdadeira comoção. Mais de 2 milhões de pessoas prestam homenagem a Nossa Senhora de Nazaré, mãe de Jesus, naquela que é considerada uma das maiores festas religiosas do mundo. A cidade de Belém para durante a festividade. O trânsito é interditado nas ruas do centro e no dia em que ocorre o evento principal, o Dia do Círio, o trajeto da procissão é decorado profusamente. De uma forma ou de outra, todos os moradores da cidade participam, ainda que apenas assistindo ao cortejo que já ocorre há mais de dois séculos.

A procissão é um percurso de 5 quilômetros pela cidade de Belém no qual ocorre o translado da imagem da Nossa Senhora de Nazaré da Catedral da Sé, no bairro da Cidade Velha, para a praça Santuário, no bairro de Nazaré. O caminho é todo decorado com arcos e em alguns pontos estratégicos erguem-se arquibancadas para que a população acompanhe o evento. É uma festa protagonizada não só pelos devotos, mas também pela multidão de turistas, pelas centenas de vendedores ambulantes e pelas atividades paralelas que ocorrem ao longo do trajeto, com apresentações de corais de cantos em louvor à santa.

A pequena imagem, de apenas 38,5 centímetros de altura, desfila solenemente numa berlinda, um andor envidraçado, decorado com

➤ A procissão do Círio percorre um trajeto de 5 quilômetros pela cidade de Belém transladando a imagem de Nossa Senhora

➤➤ Na madrugada do dia da procissão, uma multidão se aglomera em frente do tradicional mercado Ver-o-Peso para dar início ao pagamento de promessas

Festas nas águas 15

16 Círio de Nazaré, PA

Festas nas águas 17

"Meu filho, vês aquela claridade?

É a cidade na escuridão

O barco singra as águas e pulsa feito um coração

Cheio de alegria

Bálsamo, bênção

O Círio de Nazaré

Tu verás, será, menino, algo pra não se esquecer

pra colar no teu caminho

feito o som de uma viola que te fez chorar baixinho

Quando vires a senhora ficarás pequenininho."

de Vital Lima e Marco Aurélio

➤ A romaria fluvial é um dos grandes momentos da festa, que percorre 10 milhas marítimas recebendo homenagens da população ribeirinha

Festas nas águas

O mistério da santa

A história, ou lenda, que deu origem ao Círio de Nazaré, ocorre no começo de século 18, protagonizada por um simples agricultor e caçador chamado Plácido José dos Santos. Certo dia, caminhando pela estrada do Utinga – que hoje é a avenida Nazaré, uma das mais importantes da cidade de Belém – Plácido encontrou, escondida entre a vegetação das margens do igarapé Murutucu, localizado atrás da atual Basílica de Nazaré (*acima*), uma pequena imagem da Virgem de Nazaré. O caboclo levou-a para casa, mas, no dia seguinte, ao acordar, a imagem havia desaparecido e foi encontrada novamente no mesmo lugar. A cena repetiu-se algumas vezes: Plácido levava a santa para casa, mas, no dia seguinte, ela voltava ao seu nicho original. Sem ter outra opção, o caboclo resolveu construir uma pequena ermida para abrigar a imagem no local onde ela queria estar e, diante da fama que já corria pelas redondezas, logo se formaram filas de devotos e curiosos que desejavam ver a santa. Com o passar do tempo, o número de visitantes só aumentou, incluindo aqueles que queriam ofertar ex-votos como pagamento de promessas cumpridas. Nas peregrinações em visita à santa, chamava a atenção o uso de velas de cera, conhecidas também como círios, que, com o tempo, acabou dando nome à festa.

flores. Trata-se de uma réplica, já que a original é guardada na Basílica de Nazaré. Ao redor da berlinda está a corda, que hoje já constitui uma elemento importante da festa: ela é transportada por pagadores de promessas que vão se revezando em carregá-la ao longo de seus quase 500 metros de comprimento. E, a cada ano, aumenta o número desses fiéis, assim como o tamanho da corda. Logo na madrugada do dia da procissão, ela é esticada em frente ao famoso mercado Ver-o-Peso e cada espaço é disputado por aqueles que querem pagar suas promessas transportando-a. É uma corda pesada, feita de fibras de juta, resistente o suficiente para aguentar a pressão à qual é submetida. Quando a procissão termina, a corda é retalhada e seus pedaços são disputados pelos devotos. Também está associada à corda cenas que são características do Círio de Nazaré, motivadas pelo sacrifício empreendido pelos promesseiros: mãos e pés feridos daqueles que voltam para a casa depois de cumprida a missão. Emocionante ainda é o espetáculo de devoção protagonizado pelos que pagam promessas. A certa altura do trajeto, na avenida Nazaré, a berlinda é liberada e há uma comoção geral: emocionados, com olhos cheios de lágrimas, os devotos ajoelham-se,

▼ A corda, feita de fibras de juta, é disputada pelos devotos e pagadores de promessa que a transportam ao longo da procissão

dão-se as mãos e rezam à medida que a imagem da santa passa por eles em direção ao altar da praça Santuário.

A atenção provocada pela festa, que tem fama internacional, estimulou uma evolução natural do caráter turístico e do tom carnavalesco do evento. Muito semelhante aos carros alegóricos das escolas de samba, Círio de Nazaré também promove um desfile de alegorias que complementam a grandiosidade da procissão principal. Os carros vão se sucedendo num desfile em que se reproduz os pontos principais da festa, a partir da sua história – como, por exemplo, o carro do caboclo Plácido, que representa o momento em que a imagem da santa foi encontrada (*veja quadro na pág. 20*).

Mas a festa do Círio de Nazaré não se resume a essa procissão. Há outras. E uma das mais importantes é a que ocorre no mar – isso porque Nossa Senhora de Nazaré é considerada protetora dos marinheiros e pescadores. Evento muito mais recente – foi criado em 1986 –, a romaria fluvial é, no entanto, um dos grandes momentos da festa. O objetivo inicial dessa incursão marítima foi o de oferecer à população ribeirinha a possibilidade de prestar homenagens a Nossa Senhora de Nazaré. Nesse dia, a imagem da santa é transportada para um navio da Marinha e instalada em um altar armado na proa. O navio parte de Icoaraci, distrito de Belém, e percorre 10 milhas marítimas até o local conhecido como Escadinha do Cais do Porto. Ao longo do percurso, a imagem de Nossa Senhora de Nazaré recebe as mais variadas homenagens. Desde a margem, à medida em que passa pela baía de Guajará, é recebida com queima de fogos

➤ A imagem de Nossa Senhora de Nazaré tem apenas 38,5 centímetros de altura e desfila num andor envidraçado, decorado com flores

Proteção contra beijos

Não se sabe ao certo se a imagem encontrada pelo caboclo Plácido, em 1700, é a mesma que hoje é conservada no altar principal da Basílica de Nazaré. Seja como for, ela não participa da procissão do Círio e, sim, uma réplica. Em apenas duas ocasiões a imagem "original" é exposta ao público: nas celebrações de descida e de subida. No começo da festa, a santa é retirada do seu nicho habitual, o altar-mor da basílica, para ficar mais próxima do povo, no presbitério. A isso chamou-se de celebração de descida, um ritual importante da festa que ocorre no sábado que antecede o Círio, realizado com pompa: todos que seguram a santa utilizam luvas brancas. Antigamente, era permitido que a população beijasse a imagem, o que provocou problemas: ao fim do ritual o manto ficava todo manchado de batom. Por isso, hoje ela é protegida por uma redoma de vidro.

Festas nas águas 23

de artifício e helicópteros e ultraleves lançam pétalas de rosas e papel picado sobre a embarcação. Estima-se que mais de 600 embarcações acompanham o trajeto do navio, de grandes iates, jet skis, lanchas de vários portes e até modestas canoas. Há, inclusive, turistas nacionais e internacionais que compram pacotes de viagem que incluem o percurso de barcos para acompanhar a romaria fluvial.

Conta-se que a origem da romaria fluvial está num suposto milagre, ocorrido em 1846, no qual, graças à intervenção da virgem, salvaram-se 12 náufragos de uma embarcação portuguesa que seguia em direção a Lisboa. Os náufragos usavam o mesmo escaler em que, anos antes, a imagem da santa tinha sido transportada para Portugal para que fosse restaurada. Apavorados com a situação em que se encontravam, os náufragos lembraram-se desse fato e fizeram a promessa de que, caso se salvassem, carregariam o escaler durante a procissão do Círio. Mas a promessa foi impedida de ser cumprida pelo então bispo do Pará e, pouco depois, a cidade de Belém foi acometida de uma grande epidemia de cólera, o que foi atribuída a um castigo da santa. Assim, em 1855, o escaler passou a fazer parte da procissão do Círio, conduzido por 12 meninos vestidos de marinheiro. Mais tarde, o escaler foi substituído por uma réplica da embarcação naufragada e, com o tempo, outros barcos foram sendo adicionados.

A exemplo do que acontece no mar, também foi criada uma romaria rodoviária, da qual participam veículos a motor e bicicletas. A procissão parte da praça da Igreja Matriz de Ananindeua, município pertencente à Grande Belém, e segue por 24 quilômetros até o ancoradouro de Icoaraci. Também é uma romaria que existe há relativamente pouco tempo: foi criada em 1989 com o objetivo de atender à população que, por doença, deficiência física ou falta de recursos, não podia se deslocar até o centro da cidade de Belém para acompanhar o Círio. Da mesma forma que a romaria fluvial, a rodoviária também desfila a imagem de Nossa Senhora de Nazaré e é acompanhada por centenas de de bicicletas, numa cena comovente. Ao longo do trajeto, moradores da região se acotovelam para ver a imagem da santa passar, em mais uma demonstração de devoção.

◄ A certa altura do trajeto da procissão, a imagem da santa é liberada para dar acesso à população, o que provoca uma comoção geral

➤ A tradição da procissão fluvial, criada em 1986, determina que as embarcações devem ser ricamente decoradas para acompanhar o trajeto da santa

Sairé
Alter-do-Chão, PA

Festa ao estilo amazônico

É setembro. Na vila de Alter-do-Chão, distante 32 quilômetros de Santarém, as águas do rio Tapajós baixaram, expondo praias fluviais ao longo de centenas de quilômetros. É época de lazer na pequena vila e um enorme número de turistas começa a chegar à região. Além do interesse pela natureza amazônica, as praias, as tradições culturais e gastronômicas, o visitante tem um motivo muito especial para permanecer no local nessa época do ano: a Festa do Sairé. É quando mais de 100 mil pessoas invadem a cidade de Santarém e sua vila Alter-do-Chão para participar de um dos grandes eventos populares da Amazônia.

Há mais de 300 anos os índios boraris, em agradecimento às boas colheitas, já realizavam o Sairé segundo suas próprias tradições, muitas das quais permanecem nos dias atuais. Além disso, durante as comemorações, é possível ter contato com mais de uma dezena de manifestações folclóricas, especialmente dança e música, promovidas e executadas pelos moradores locais. Algumas são muito pouco conhecidas em outras regiões do país e incluem camelu, desfeiteira, lundu, valsa da ponta do lenço, marambiré, quadrilha, cruzador tupi, macucauá, cecuiara, entre outras. De forma geral, o Sairé reúne rituais religiosos, profanos, indígenas e populares, num sincretismo de grande aceitação na região amazônica – e que de certa forma concentra a própria formação étnica e cultural da região.

➤ O Sairé é uma das mais antigas tradições da Amazônia, reconhecido por vários aspectos, inclusive pela riqueza dos ornamentos com os quais se vestem seus devotos

Festas nas águas 27

Os rituais religiosos acontecem durante o dia, com missas, orações e procissões, enquanto a noite está reservada para programações de shows populares, muitas vezes conduzidos por artistas de outras regiões do país. Também é à noite que se programa o ponto alto das festividades, quando se realiza o Festival dos Botos, um evento que comporta duas facções e que já ganhou fama nacional por sua grandiosidade e intensa participação popular.

No primeiro dia da festa acontece a instalação dos mastros decorados com flores e frutas da região, um ritual praticado pelos índios séculos atrás para saudar a chegada dos então amigos portugueses. No último dia da festa, sempre uma segunda-feira, os mastros concentram a atenção de todos, pois é quando acontece a "varrição da festa", com a derrubada dos mastros. Segundo a tradição, aqueles que conseguirem pegar uma das frutas que decoram o mastro serão contemplados com muito sorte durante o próximo ano. Logo depois desse evento, ocorre a "cecuiara", um almoço coletivo com pratos locais, preparados com ingredientes frescos, típicos da cozinha do Pará, sempre à base de peixes. Para finalizar a programação, a noite do último dia é destinada à festa dos barraqueiros – aqueles que durante todo o evento estiveram com suas barracas armadas para vender todos os tipos de alimentos e objetos típicos da região. "O Sairé é uma festa contagiante. Assim como nossos ancestrais, nós realizamos um ritual de agradecimento por tudo que recebemos.

▲ As diversas manifestações culturais da festa apresentam ritmos de dança e música que só podem ser encontrados na região amazônica

É uma comemoração que passou pelo período de colonização, ganhou contornos religiosos por influência dos portugueses e agora mistura o profano e o religioso", explica um assíduo frequentador.

O Sairé é uma das mais antigas manifestações da cultura popular da Amazônia. Mas, ao longo de mais de 300 anos de festas, houve um intervalo de 30 anos, entre 1943 e 1973. A festa voltou a ser celebrada por iniciativa dos moradores da vila de Alter-do-Chão, que buscavam reviver a antiga tradição local. Mas, aquele que era um evento de significado puramente religioso, ganhou dimensões extensas, agregando uma ampla gama de manifestações populares. Uma delas é a disputa do boto, criada em 1997, para confrontar, a exemplo do que ocorre no boi bumbá da cidade Parintins, também na Amazônia, duas associações folclóricas, a Tucuxi e a Cor-de-Rosa. Na noite da festa, elas desfilam no "sairódromo", em Alter-do-Chão, para uma plateia de milhares de pessoas e para uma comissão julgadora que, a

▼ No último dia da festa há a derrubada do mastro: os participantes são desafiados a pegar uma das frutas que o decoram para que possam se beneficiar de boa sorte

exemplo do desfile das escolas de samba, analisam 18 itens apresentados por cada associação, definindo, assim, a campeã. Trata-se de um espetáculo de fantasias e alegorias gigantescas que, ao som do ritmo catimbó, encenam, durante 90 minutos, a morte e a ressurreição do boto, num espetáculo de muita dança e sensualidade que resgata as lendas que giram em torno desse animal amazônico. De forma geral, as associações disputam o melhor "enredo de sedução", como definem os moradores locais.

Não é por menos. Diz a lenda do boto que o animal se transforma num homem irreverente que seduz as virgens das aldeias ribeirinhas. Caboclas e caboclos contam histórias e crenças sobre o irresistível sedutor amazônico que comparece às festas para seduzir mulheres jovens e bonitas. No desfile do Sairé, o boto seduz Cunhatã-Iborari, a princesa do Lago Verde, e a engravida. Seu pai, Taxaua, furioso, manda matar o boto e quando isso acontece recai sobre ele e suas terras a fúrias dos maus espíritos da região. E, assim, a pedido do próprio Taxaua, o pajé ressuscita o boto – cena que constitui a apoteose da apresentação.

Outro importante evento do Sairé é a procissão que ocorre de dia. São milhares de pessoas que acompanham o trajeto, conduzido pela Sairapora, uma mulher que carrega um estandarte com um símbolo muito peculiar da região. Trata-se de um semicírculo de cipó torcido, enfeitado por fitas e flores em cujo interior encontram-se três cruzes

▲ O semicírculo de cipó, conduzido na procissão, é uma referência a um costume dos índios boraris de recepcionar "com respeito" seu amigos portugueses

30 Sairé, PA

A vila

Alter-do-Chão é um destino turístico que ganha cada vez mais notoriedade, a ponto de ser apelidado de Caribe Amazônico, por causa da quantidade de praias fluviais (*abaixo*) que se formam na seca – as melhores do país. O rio Tapajós, em cujas margens está a vila, tem uma característica única entre os afluentes do Amazonas – suas águas são cristalinas e esverdeadas. Além disso, ao desembocar no rio Amazonas, oferece a atração do encontro contrastante das águas dos dois rios.

Além das atrações naturais, a pequena área urbana de Alter-do-Chão abriga o Centro para a Preservação da Arte e da Ciência Indígena (CPAI), conhecido como Museu do Índio, no qual podem ser encontrados objetos raros e a história de 70 tribos da região amazônica.

O vilarejo conheceu dias prósperos, quando foi entreposto de abastecimento de lenha das embarcações que faziam a viagem Belém-Manaus e, no pós-guerra, com o desenvolvimento trazido pela exploração da borracha.

Festas nas águas 31

celebrando a Santíssima Trindade. Segundo o que conta a tradição, essa era a forma com que o índios boraris procuraram mostrar respeito e homenagear a chegada dos portugueses, que usavam escudos. Os índios, acreditando que era uma maneira de prestar homenagens aos desconhecidos, trataram de imitá-los, criando seus próprios "escudos".

Seja como for, o símbolo do Sairé se consolidou ao longo dos anos e se tornou uma marca registrada da festa, hoje conhecida internacionalmente. A ponto de a prefeitura da cidade ter instalado o símbolo no alto da Serra Piroca, ponto mais alto de Alter-do-Chão – com 10 metros de altura, 5 metros de largura e 110 lâmpadas, ligadas quando começam os festejos.

A festa do Sairé ainda vive uma polêmica relacionada à grafia de seu nome. A palavra tem origem em dois termos – Sai Erê, que significa, na língua dos boraris, "Salve, tu o dizes", espécie de saudação. Anos atrás, a comunidade de Alter-do-Chão decidiu que a palavra deveria ser grafada com a cedilha e por anos a festa ficou conhecida como Çaire. Mais recentemente houve contestação em relação a essa grafia, já que no nosso idioma não há palavras que comecem por cedilha. E, por consenso, adotou-se a grafia atual.

▼ O Festival dos Botos é marcado por danças sensuais e uma rica apresentação de ornamentos e alegorias

A cultura do Sairé

"Considerada a mais antiga manifestação popular da Amazônia, o Sairé é um conjunto de atividades religiosas (cantos, rezas e procissões em louvor à Santíssima Trindade) e culturais (dança, música, gastronomia e folclore), introduzidas pelos missionários jesuítas durante o processo de colonização da região no século 17, e que ainda conserva algumas de suas características originais na vila de Alter-do-Chão (município de Santarém, região oeste do Pará), na qual vem sendo realizada há mais de 300 anos.

Apesar de bastante descaracterizado em relação a sua origem, o Sairé é a manifestação artística que melhor expressa a fusão entre os elementos trazidos pelos colonizadores portugueses e as expressões culturais do caboclo amazônida. Sua mitologia e interação com a natureza extrapolam o aspecto religioso e evidenciam a lenda popular, segunda a qual ocorre a crença na metamorfose do boto, que, transformado em homem, sai a seduzir as 'cunhãs' (mulheres) boraris, evidenciando assim a tradição cristã e a crendice popular num evento artístico e religioso que mistura fé e imaginário amazônida.

O grande desafio de seus organizadores e da comunidade de Alter-do-Chão é conciliar um evento de caráter religioso e popular com as exigências da cultura de massa, fazendo com que o rito da 'metamorfose dos botos' não exclua o que há de mais belo e ímpar na festa do Sairé – seus símbolos e suas manifestações religiosas –, que o mágico, o profano e o religioso continuem unidos como há mais de 300 anos e que o louvor à Santíssima Trindade, fonte e razão da festa, continue preservado."

Terezinha Amorim, historiadora de Santarém

Nordeste

Iemanjá, BA

Bom Jesus da Lapa, BA

Bom Jesus dos Navegantes, AL

Iemanjá
Salvador, BA

É dia de festa no mar

É noite do dia 1º de fevereiro. Na cidade de Salvador, Bahia, há uma expectativa imensa no ar. Povo acostumado a comemorações, o baiano, mais do que nunca, prepara-se para um dia de festa no mar. Na praia do Rio Vermelho, as filas já se formam, imensas, e prometem se prolongar ao longo de toda a madrugada. Nelas, convivem pessoas de todos os tipos: dos desafortunados aos bem de vida; de moradores locais a turistas estrangeiros; de jovens estudantes a aposentados e idosos. Todos vão deixar seus presentes nos balaios organizados pelos pescadores do bairro do Rio Vermelho e pelas mães de santo dos terreiros de Salvador. São oferendas para homenagear a mais poderosa das mulheres: Iemanjá, a rainha do mar, representada sob a forma de uma sereia com longos cabelos soltos ao vento. É uma das mais cultuadas entidades do candomblé, também chamada de Dona Janaína.

Nos tradicionais cestos são depositados mimos femininos: perfumes, flores, comida, pentes, bijuterias, batons e até mesmo joias – tudo o que possa interessar a uma mulher vaidosa. É preciso agradá-la para que os desejos sejam atendidos ou para recompensar um desejo realizado. Já os pescadores preferem dar presentes mais simbólicos: esculturas em formas de peixe, golfinho e da própria Iemanjá.

Amanhece o dia 2 de fevereiro e, como disse Dorival Caymmi, é dia de festa no mar. O público, uma multidão imensa de fiéis e ad-

➤ Nos tradicionais cestos são oferecidos mimos femininos à santa, como flores, perfumes e espelhos

➤➤ As mães de santo são incumbidas de levar as oferendas dos devotos aos barcos que levam presentes a Iemanjá

Festas nas águas

38 Iemanjá, BA

Festas nas águas

Dois de Fevereiro
(Dorival Caymmi)

Dia dois de fevereiro

Dia de festa no mar

Eu quero ser o primeiro

A saudar Iemanjá

Dia dois de fevereiro

Dia de festa no mar

Eu quero ser o primeiro

A saudar Iemanjá

Escrevi um bilhete a ela

Pedindo pra ela me ajudar

Ela então me respondeu

Que eu tivesse paciência de esperar

O presente que eu mandei pra ela

De cravos e rosas vingou

Chegou, chegou, chegou

Afinal que o dia dela chegou

Chegou, chegou, chegou

Afinal que o dia dela chegou

▶ Na praia do Rio Vermelho, bairro dos pescadores em Salvador, ocorre a saída dos barcos rumo ao alto-mar, onde vive Iemanjá

Iemanjá, BA

◄ O ritual da festa é um sincretismo entre a religião católica e o candomblé, o que já causou muita polêmica e protestos

A lenda de Iemanjá

Na antiga Nigéria, onde os povos iorubas viviam, Iemanja era a filha de Olokum, deus do mar, e se casou com Olofin-Odudua, com o qual teve dez filhos, todos orixás. De tanto amamentá-los, seus seios tornaram-se imensos.

Mas Iemanjá cansou-se de sua vida e resolver fugir na direção do entardecer da terra, ou do oeste, segundo o povo ioruba. Lá, graças a sua beleza, conquistou Okerê, que a pediu em casamento. Ela aceitou com a condição que ele jamais ridicularizasse a imensidão de seus seios.

Mas, um dia, Okerê, voltando para casa depois de uma noitada, de tão bêbado tropeçou em Iemanjá. A mulher ficou furiosa com o marido e ofendeu-lhe, chamando-o de bêbado imprestável. Okerê então gritou: "Você, com esses peitos compridos e balançantes!", rompendo a promessa de nunca mencioná-los. Foi o suficiente para Iemanjá fugir do marido. Mas Okerê colocou seus guerreiros para persegui-la e Iemanjá, vendo-se cercada, lembrou que tinha recebido de Olokum, seu pai, uma garrafa com a recomendação de que só a abrisse em caso de necessidade. Foi da garrafa de Olokum que nasceu um rio de águas tumultuadas que levaram Iemanjá de volta à casa de seu pai, o oceano. E Iemanjá nunca mais voltou para a terra.

Festas nas águas 43

miradores, começa a se juntar na beira da praia e até o fim do dia estima-se que mais de 200 mil pessoas estarão se acotovelando para acompanhar todos os momentos do evento. A frequência na Casa do Peso, ponto central do Rio Vermelho, é concorrida: dentro dela há um "peji", ou um altar das divindades do candomblé, como os orixás, com seus símbolos, pedras sagradas, vasilhas de alimentos votivos, moringas de água e outros objetos do culto. Na frente da casa, uma escultura de sereia representa a Mãe d´Água baiana, Iemanjá.

Na praia, os barcos recebem os balaios carregados de objetos e flores. Um grande saveiro leva o presente principal dos pescadores e um pedido: boa pescaria e águas calmas. Quando o sol está próximo do horizonte, por volta das 5 horas da tarde, os pescadores colocam suas embarcações em movimento rumo ao mar aberto. A saída dos barcos, a partir da praia do Rio Vermelho, junto ao entardecer, é um espetáculo cuja beleza emociona o público presente.

➤ A procissão em terra para conduzir a imagem da santa é presenciada por mais de 200 mil pessoas, entre devotos e turistas

Iemanjá e os orixás no Brasil

Foi com a vinda dos escravos no século 17 que o culto aos orixás chegou ao Brasil, consolidando-se como uma religião popular conhecida como candomblé. Originalmente, as etnias africanas tinham cada uma seu orixá específico para o qual cumpriam devoção. Mas o tráfego de escravos, realizados pelos mercadores da época, promoveu a mistura das etnias e, no Brasil, o culto acabou sendo organizado de maneira a contemplar todos os diferentes seguidores de orixás, consolidando uma unidade. Para que isso acontecesse, cada orixá recebeu uma característica e coube a Iemanjá ser a rainha dos mares. Ela é a grande protetora, a mãe de todos nós, de todos os orixás. Na África Central, era cultuada pelo povo da etnia ebá, a última a chegar ao Brasil, no fim do século 17 e início do 18, pouco antes da libertação dos escravos.

No processo de sincretismo religioso, impelido pela proibição à religião dos escravos, Iemanjá foi associada a Nossa Senhora, considerando algumas características comuns às imagens das duas religiões. Talvez isso explique a popularidade da rainha dos mares, considerada a mais brasileira dos orixás africanos. Sua capacidade de integrar as mais diferentes camadas sociais em torno da esperança não tem paralelo na história religiosa ocidental. É um fenômeno que só o Brasil multicultural poderia criar. Mas sua imagem também passou por transformações. Na África, a figura do orixá é, normalmente, de madeira, e carrega os generosos seios nas mãos, simbolizando a grande mãe que ela é. A imagem típica africana traz ainda, na cabeça, uma tigela na qual são colocados os objetos sagrados.

Iemanjá, BA

Um enorme cortejo de 300 embarcações começa lentamente a zarpar a partir da praia do Rio Vermelho. O destino é o alto-mar. Lá, todos os presentes serão lançados às águas para agradar Iemanjá. Se os balaios não afundarem é porque os presentes não foram aceitos e os pedidos não serão atendidos. Mas Iemanjá sempre aceita os presentes, dizem os pescadores.

Em terra, fogos de artifício anunciam o momento da partida dos barcos e a emoção toma conta dos devotos, enquanto adeptos do candomblé dançam e entram numa espécie de transe, "recebendo" suas entidades espirituais. A festa é inevitável. O batuque do samba de roda e do afoxé anima a multidão espalhada pelas ruas nas proximidades da igreja do Largo de Santana. Barracas vendem bebidas e comidas típicas da Bahia e não pode faltar a marca baiana do carna-

val: o trio elétrico. Como todas as festas da Bahia, a de Iemanjá já ganhou status de grande acontecimento turístico nacional, evoluindo, inevitavelmente, para um clima de carnaval. A festa é a única da Bahia que não tem origem no catolicismo e a data em que acontece se transformou em feriado estadual. Talvez tenha se distanciado um pouco do grande objetivo, no qual a homenagem à rainha dos mares é uma busca pela purificação e um pedido para que o ano seja bom.

Pelo menos eram esses os objetivos quando, em 1923, um grupo de 25 pescadores se reuniu para enfrentar um problema: a diminuição do pescado na vila do Rio Vermelho. Para os pescadores, a solução era pedir ajuda à Mãe d'Àgua e, para isso, embarcaram, rumo ao alto-mar, com oferendas para Iemanjá. Era dia 2 de fevereiro. Dizem que, depois dessa iniciativa, o pescado voltou a ser abundante e o mar acalmou-se. E, por isso, nunca mais deixaram de repetir o ritual.

Mas há também uma lenda sobre a origem da festa. Segundo conta-se, na praia do Rio Vermelho havia antigamente uma prática muito rendosa da pesca do xaréu, realizada com o uso de redes. Certo dia, ao puxarem as redes para recolher o pescado, os pescadores se defrontaram com uma sereia presa entre os peixes. O proprietário da rede, querendo viver em paz com a gente das profundezas da água, mandou que a soltassem imediatamente. Anos depois, a sereia reapareceu presa entre as malhas da rede, que tinha outro dono. Dessa vez, resolveram pegá-la e levá-la, carregada por dois pescadores, para assistir a missa na igreja do povoado, a de Santana, provavelmente.

No começo, a cerimônia, chamada de Festa da Mãe d'Água, era feita na paróquia do Rio Vermelho. Afinal, pelas regras do sincretismo religioso que une a Igreja Católica ao candomblé, a rainha do mar

▲ Vestidas de branco em sua grande maioria, as baianas são uma marca inconfundível da festa de Iemanjá

equivale a Nossa Senhora da Conceição. As filhas de santo iam juntas nas embarcações, carregando as oferendas, e protagonizavam um espetáculo à parte: o transe em alto-mar. Iemanjá possuía suas filhas e recebia as dádivas antes mesmo de serem depositadas nas águas.

Essa relação pacífica entre as duas religiões perdurou por muitos anos, mas, nos anos 60, sofreu um estremecimento irrecuperável: um vigário fez uma homilia contra o sincretismo e teria chamado os pescadores de "ignorantes", por cultuarem uma mulher com rabo de peixe. A partir desse fato, a Igreja Católica rebelou-se contra o "culto pagão" e, oficialmente, retirou da festa a devoção à santa católica. Por esse motivo, a Igreja de Santana, localizada no Rio Vermelho, mantém as portas fechadas durante o evento. Mas, independentemente da posição da Igreja, os devotos do candomblé e do catolicismo se misturam na hora de prestar homenagem a Iemanjá: a festa não tem barreiras culturais nem religiosas.

Ainda que o evento do Rio Vermelho seja o mais frequentado e conhecido, Iemanjá é homenageada em outros pontos da cidade, como a Ribeira, em Plataforma; na península de Humaitá, na qual fica a igrejinha de Montserrat; na Gameleira, na ilha de Itaparica; e em muitos outros lugares. Um dos mais conhecidos é a festa do Dique do Itororó. Depois de ser reurbanizado, o local recebeu estátuas de todos os orixás talhadas em ferro e com cerca de 4 metros de altura. As oferendas são depositadas aos pés das imagens e a festança também não tem hora para acabar.

Festas nas águas 47

Bom Jesus da Lapa
Bom Jesus da Lapa, BA

A festa que criou a cidade

Bom Jesus da Lapa é uma cidade às margens do rio São Francisco, situada no centro-oeste da Bahia, a 902 km de Salvador, com cerca de 70 mil habitantes. A cidade nasceu em função de eventos religiosos que deram origem a romarias e festas, que ocorrem todos os anos no começo de agosto.

A história da cidade começa em 1691, quando um certo andarilho em penitência, chamado Francisco Mar, apareceu na região, povoada pelos índios tapuias, e encontrou uma gruta em um morro chamado Lapa (*veja quadro à página 52*). Trata-se de uma formação calcária, com aproximadamente 93 metros de altura, 1.800 metros quadrados de circunferência que, com suas grutas, protagoniza as manifestações mais intensas que ocorrem durante a Festa de Bom Jesus da Lapa. Assim como o rio São Francisco, de importância fundamental para a cidade, e os visitantes que buscam suas margens para participar da festa.

A pacata cidade de Bom Jesus da Lapa transforma-se, durante a primeira semana de agosto, na "capital baiana da fé" com a chegada de mais de 700 mil pessoas, vindas, principalmente, do norte de Minas Gerais, do interior da Bahia e de todos os estados do Nordeste para louvar o Bom Jesus, demonstrar sua fé e realizar sonhos e esperanças. São romeiros fazendo orações e cumprindo promessas, repartindo o espaço das grutas do Morro da Lapa com rochas, estalactites, imagens de santos e crucifixos. E saem em procissão para homenagear o santo, à espera da realização de seus pedidos. O cansaço e o sofrimento estampados no rosto de quem chega são logo substituídos por uma sensação de alívio com a visão do morro sagrado.

➤ A pacata Bom Jesus da Lapa recebe mais de 700 mil pessoas para as celebrações no morro sagrado da cidade

Festas nas águas 49

50 Bom Jesus da Lapa, BA

Senhor Bom Jesus da Lapa

Agora deixai reparar

Nas belezas desta gruta

Para aos amigos contar

A gruta tem cinco covas

Interessantes e belas

Vosso corpo cinco chagas

O Cruzeiro cinco estrelas

Chamam: cova da Serpente

A que está perto da pia

Dos Milagres, Onça e Monge

E a nova Sacristia

Na gruta, aberta na pedra

Tudo é de pedra, benfeito!

Assentos, pias, altares...

Tem até um sino perfeito

◄ Uma multidão sai em procissão para homenagear o santo à espera da realização de seus pedidos

O mito e a festa

Francisco Mendonça Mar nasceu em 1657, na cidade de Lisboa, Portugal. O pai era ourives e com 22 anos de idade chegou a Salvador, na Bahia, onde exerceu a profissão herdada do pai. Lá, Francisco foi encarregado de pintar o Palácio do Governador, mas acontecimentos misteriosos levaram-no a ser preso e açoitado. Quando se libertou, resolveu ter uma vida de eremita. Distribuiu seus bens e iniciou uma longa peregrinação sem destino. O acaso levou-o a encontrar a gruta no Morro da Lapa, onde se estabeleceu e tornou-se um mito. Francisco Mar era um homem simples que se transformou numa figura lendária, uma espécie de monge informal. Em pouco tempo, com seu carisma e religiosidade, atraiu devotos para a região em busca de conforto espiritual e cura de doenças. Os anos seguintes foram marcados por romarias de pessoas que queriam conhecer a história de Francisco. Em 1705, retornou a Salvador, foi ordenado padre e continuou vivendo em seu refúgio na margem direita do rio São Francisco. Morreu em 1722.

A Festa de Bom Jesus da Lapa é uma das mais importantes manifestações religiosas que ocorrem no Brasil – está, juntamente com a Festa de Nossa Senhora de Aparecida, em São Paulo, e com a de Padre Cícero, no Ceará, entre as três que mais recebem visitação. A festa é, na verdade, o ponto alto de uma sequência de romarias realizadas em períodos de três meses na cidade, frequentada por milhares de pessoas, normalmente camponeses da região.

Esse ciclo de romarias tem seu auge na festa de agosto. No fim de julho começa a novena, com celebração de missas, orações de rosário e ladainhas. Na manhã do dia 6 de agosto, é rezada missa solene e, à tarde, acontece a procissão pelas ruas da cidade ao Senhor Bom Jesus da Lapa.

Antes disso, no entanto, milhares de peregrinos chegam pelos mais diversos meios de transporte, principalmente o "pau de arara". São caminhões, ônibus, peruas, até carros pequenos. Boa parte chega quatro dias antes das comemorações para garantir um bom lugar às margens do Velho Chico – e a margem direita do rio se transforma em um imenso estacionamento. Não há disponibilidade de leitos na cidade: os hotéis, pensões e até casas particulares ficam abarrotados de visitantes. Muitos preferem acampar nas áreas vizinhas ao rio São Francisco, que, ao entardecer, é palco também de uma espécie de romaria informal, momento em que os visitantes banham-se, cantam e fazem suas orações. Alguns se sujeitam a enormes sacrifícios, viajando a pé por centenas de quilômetros. Todos, sem exceção, são inabaláveis na sua fé e convicção de pagar uma promessa atendida ou de esperar uma cura milagrosa para algum tipo de doença.

Os romeiros vestem-se, segundo a tradição, com chapéus de palha com fitas coloridas e forrados de pano. As mulheres usam vestidos brancos e grinaldas de flores coloridas. As praças e ruas da cidade ficam repletas de barracas com comidas típicas e bebidas, artesanato e objetos variados, inclusive réplicas da gruta ou da imagem do Senhor Bom Jesus da Lapa – ao lado de violeiros, repentistas e poetas de cordel, que dão o toque musical ao evento.

Mas é nas grutas do Morro da Lapa, o grande monumento religioso da cidade, que ocorre o momento mais importante da festa. Considerado um santuário religioso, o morro recebe centenas de visitantes que formam fila, num verdadeiro formigueiro de gente, para fazer sua louvação. A entrada dos romeiros no santuário é sempre precedida pelo espocar do fogue-

▼ A utilização de fitas coloridas é uma das características marcantes da Festa de Bom Jesus da Lapa

Festas nas águas 53

As grutas do Morro da Lapa

O Morro da Lapa é considerado um santuário religioso no qual as grutas cumprem papel fundamental – são mais de dez usadas para os rituais religiosos. As esculturas representando a Via-Sacra forram as paredes de blocos de calcário, criando um ambiente propício à reflexão e à prática religiosa. Na Gruta de Bom Jesus, uma larga torre, em meio ao adro, lembra um castelo medieval. Guarnecido por representações de bronze dos 12 apóstolos, o local marca o início da odisseia cristã pelo Morro da Lapa.

Na Gruta de Nossa Senhora da Soledade, o destaque é a imagem da santa rodeada por quatro esculturas de bronze, representando os Quatro Evangelistas. Já na gruta de Santa Luzia, a imagem da santa está instalada em um estalagmite, a 10 metros de altura, com um conjunto de estalactites em forma de leque ao fundo.

▲ Romeiros, principalmente dos estados do Nordeste, chegam à cidade para participar da festa

tório e muitos fiéis ajoelham-se para rastejar até o altar principal.

A subida até o Cruzeiro, no topo do morro, é longa, íngreme e cheia de obstáculos. A todo instante, os desníveis e as pedras castigam joelhos e pés descalços. Todo sacrifício compensa. A chegada ao topo é comemorada com lágrimas e suor. Eles se acomodam ao redor do Cruzeiro e dedicam um longo período às orações, ao pagamento das promessas e aos agradecimentos.

Os salões subterrâneos das grutas são tomados pelos visitantes e em algumas, por serem pequenas e estreitas, o ambiente chega a ser sufocante (*veja quadro à página anterior*). A cada duas horas acontecem as missas, acompanhadas por hinos e sermões.

A luz que entra pelas fendas doura as rochas, o altar e os rostos comovidos. Esse tom dourado deixa o ambiente ainda mais místico, que é realçado pela luminosidade das velas.

Depois da visita ao Morro da Lapa, a multidão sai, à tarde, em procissão pelas ruas da cidade atrás do andor do padroeiro, entoando hinos de louvor. Encerrada a festa, acontece o êxodo dos romeiros. A cidade de Bom Jesus da Lapa se despovoa rapidamente e tudo volta ao normal. Pelas estradas ensolaradas, a multidão de peregrinos desfila, enfrentando, novamente, a fadiga das longas caminhadas de retorno, dessa vez feliz porque volta com a fé fortalecida.

Festas nas águas

Bom Jesus dos Navegantes
Penedo, AL

Procissão e cultura popular

Penedo, no Estado de Alagoas, situada a 160 quilômetros de Maceió, é uma cidade pacata e pequena, com pouco mais de 60 mil habitantes, que abriga um valioso patrimônio histórico e cultural com algumas das edificações mais importantes do acervo arquitetônico do país (*veja quadro à página 60*). Mas não só isso. Localizada no extremo sul de Alagoas, às margens do rio São Francisco, Penedo é, também, palco do mais importante evento religioso do estado, a Festa de Bom Jesus de Navegantes, que ocorre todos os anos no mês de janeiro. A comemoração religiosa, no entanto, é apenas parte dos eventos que se prolongam por duas semanas, numa programação intensa de cultos religiosos e atividades profanas. Integrando a festa, ocorre o Festival de Tradições Populares, que reúne manifestações tradicionais da cultura do estado. A combinação das duas atividades faz com que a população da cidade aumente consideravelmente durante os 15 dias de celebrações, recebendo cerca de 60 mil visitantes por dia, provenientes principalmente dos estados do Nordeste – a ponto de a festa ter sido incluída como um dos sete destinos turísticos pelo Fórum Mundial de Turismo de 2005.

A Festa de Bom Jesus dos Navegantes, a mais tradicional de Alagoas, é consagrada ao santo padroeiro dos pescadores da região do rio São Francisco. A procissão fluvial ocorre no segundo domingo do mês de janeiro, mas as atividades iniciam-se alguns dias antes com a abertura solene que inclui missa, queima de fogos e hasteamento da Bandeira Nacional. Ao mesmo tempo em que há celebrações religiosas, com missas e corais da igreja, dá-se início ao que se chama de "programação profana", com apresentações de grupos

▶ A procissão fluvial pelo rio São Francisco é o ponto alto das comemorações da festa do Bom Jesus dos Navegantes, em Penedo, Alagoas

▶▶ A imagem do Cristo Agonizante percorre, em procissão fluvial e terrestre, alguns dos municípios ribeirinhos da região

Festas nas águas

58 *Bom Jesus dos Navegantes, AL*

Festas nas águas

Preciosidade histórica

Conta-se que a região de Penedo tenha sido visitada pela primeira vez por Américo Vespúcio, em 1501, quando, em viagem de inspeção, entrou pela barra daquele enorme rio. Era 4 de outubro, dia de São Francisco de Assis e, por isso, o rio assim foi batizado. Anos mais tarde, em 1560, o donatário da Capitania de Pernambuco, Duarte Coelho Pereira, andou por aquelas paragens em perseguição aos índios caetés, culpados pela morte do bispo Pero Fernandes Sardinha. O nome de Penedo, que significa rochedo, surgiu porque o centro de povoamento se encontra sobre esplanadas rochosas. Esse foi o primeiro núcleo populacional do atual Estado de Alagoas. Em 1631, a vila de Penedo foi invadida por tropas holandesas que ocupavam o Estado de Pernambuco e recebeu, inclusive, um novo nome: Maurícia, em homenagem ao comandante holandês Maurício de Nassau. Depois da retomada dos portugueses, a cidade também foi palco de grandes batalhas envolvendo o quilombo dos Palmares. Grande parte dessa história ainda persiste em construções e documentos que se pode encontrar na cidade. Penedo é considerada uma das mais bonitas e antigas cidades históricas brasileiras e impressiona seus visitantes pelo seu rico patrimônio histórico e cultural – principalmente em razão da arquitetura barroca de seus conventos e igrejas, algumas das quais tombadas pelo Iphan (Instituto do Patrimônio Histórico e Artístico Nacional). Entre elas, a que mais se destaca é a Igreja de Nossa Senhora da Corrente, considerada uma das mais belas do país, com detalhes arquitetônicos do barroco, rococó e neoclássico, e decorada com azulejos portugueses do império e piso de cerâmica inglesa. Ao lado, encontra-se o Paço Imperial, hospedagem de dom Pedro 2º em 1859, no qual estão expostas porcelanas, mobiliário e objetos que contam parte da história da cidade e do Brasil. Outras edificações de destaque são a Igreja e o Convento de Nossa Senhora dos Anjos, do século 18, com detalhes barrocos; e a Igreja de São Gonçalo Garcia. A cultura ribeirinha, expressa pela localização da cidade às margens do rio São Francisco, também é encontrada nos casarios e ruas de Penedo.

Bom Jesus dos Navegantes, AL

Festas nas águas

Grandeza cultural

" Um verdadeiro espetáculo de fé e devoção às margens do São Francisco. Assim, podemos explicar a Festa do Bom Jesus dos Navegantes de Penedo, cidade alagoana distante 160 km da capital, Maceió. O evento, que é realizado tradicionalmente no segundo domingo do mês de janeiro, leva uma verdadeira multidão a Penedo para, desde os primeiros raios de sol, saudarem a imagem do Bom Jesus dos Navegantes, que fica na Capela de Santa Cruz, na qual é zelada durante todo o ano pela comunidade católica.

A celebração ao Senhor dos Navegantes foi introduzida no Brasil pelos portugueses católicos, segundo historiadores, com a chegada da família real ao Brasil, pela Bahia, em 1808. Há 127 anos a festa é realizada em Penedo, sendo que as primeiras edições aconteciam na Igreja Conventual Franciscana de Nossa Senhora dos Anjos. Em 1914, foi realizada a última festa no convento. Nessa época, o senhor Antonio José dos Santos, conhecido como Antonio Peixe-Boi, procurou o mestre Cesário Procópio dos Martyres para que fosse feita a imagem do Senhor Bom Jesus dos Navegantes, que, em 2011, completa 96 anos de existência.

A procissão fluvial, ponto alto da festa, renova a cada ano a fé de milhares de pessoas que, em Alagoas ou Sergipe, se unem às margens do Velho Chico para saldar com fogos a passagem da imagem que se tornará centenária nos próximos anos. Viver o Bom Jesus dos Navegantes de Penedo é simplesmente emocionante e fascinante. É algo que nos faz refletir sobre a grandeza cultural e religiosa do povo ribeirinho do São Francisco."

Rafael Medeiros, jornalista de Penedo

folclóricos, bandas, atividades esportivas e shows musicais, além de uma bela queima de fogos.

O ponto alto da programação ocorre no domingo, último dia da festa, quando a imagem do Senhor Bom Jesus dos Navegantes é levada em uma procissão terrestre e fluvial, percorrendo alguns dos municípios ribeirinhos em mais de 20 embarcações.

Trata-se de um verdadeiro espetáculo de fé e devoção às margens do São Francisco. A imagem de Cristo Agonizante, até 1914, saía em procissão da Igreja e do Convento de Nossa Senhora dos Anjos, quando houve uma proibição por não se tratar apenas de um culto religioso – afinal, tanto fiéis como os não fiéis aproveitavam o momento para se divertir com jogos e danças. A proibição não impediu a continuidade da festa e hoje a procissão parte da Capela de Santa Cruz, na qual a imagem é zelada durante todo o ano pela comunidade católica.

A trecho terrestre da procissão segue em direção ao rio São Francisco para a parte fluvial do evento religioso, encerrando-se às 18h30 com celebração da Santa Missa Campal acompanhada de animação litúrgica de corais. À noite, para encerrar o evento, há nova queima de fogos, num espetáculo que atrai habitantes das cidades vizinhas. Ainda no domingo, acontece a tradicional corrida de canoas a velas, no trecho do que rio São Francisco que liga a cidade de Penedo à de Neopólis, no Estado de Sergipe.

Já o Festival de Tradições Populares marca a cidade com efervescência turística e cultural e tem se consolidado como um difusor da cultura viva e do patrimônio local. Além disso, reúne uma programação variada, promovendo atividades nas áreas de cultura, esporte, turismos, religião, lazer e cidadania.

Durante as duas primeiras semanas de janeiro, diversas atividades são realizadas, resgatando algumas práticas locais, como corrida de jericó, roda de capoeira, exposição de cordéis e apresentação de folguedos populares, como bandas de pífano. Há ainda práticas mais convencionais, como corridas a pé, provas de natação, exposição de quadros e espetáculos de música e teatrais. O tema ambiental também é contemplado por meio de palestras e ações relacionadas ao assunto – como a soltura de milhares de alevinos no rio São Francisco.

▲ O trecho terrestre da procissão conduz a imagem de Cristo em direção ao rio São Francisco

Centro-Oeste

Nossa Senhora dos Navegantes, MS

Banho do São João, MS

Nossa Senhora dos Navegantes
Bataguassu, MS e Presidente Epitácio, SP

Devoção entre dois estados

Duas cidades se envolvem nesta festa já tradicional: Bataguassu, no Estado do Mato Grosso do Sul, e Presidente Epitácio, no Estado de São Paulo. Entre as duas, fazendo a divisa dos dois estados, se esparrama o caudaloso rio Paraná, cuja importância na região também o leva a ser um dos protagonistas da Festa de Nossa Senhora dos Navegantes.

Celebrada há mais de 60 anos, a festa evoca a padroeira dos marinheiros, pescadores e viajantes e mobiliza a população local: os dias e até meses que antecedem o evento são marcados por muito trabalho e alegria. O que os motiva é contar com a proteção de Nossa Senhora dos Navegantes para todos aqueles que navegam pelo mundo afora, não só pelos rios e mares, mas, também, pelas estradas, pelo ar, pelas ferrovias.

Os preparativos começam com bastante antecedência, marcados por muitas atividades que envolvem a produção do evento. Cada imagem de santo tem seu padrinho ou madrinha e cabe a eles cuidar da ornamentação dos andores, feita com laços, fitas e papéis coloridos – além das bandeiras dos mastros para a romaria. O envolvimento da comunidade é intenso, uma prova do compromisso e respeito para com o evento religioso.

A festa propriamente dita tem início com as novenas na Capela de Nossa Senhora dos Navegantes, em Bataguassu. Durante nove dias, entre 6 e 15 de agosto, a população se dedica à adoração da santa,

➤ A procissão se inicia por terra, quando imagens dos santos são conduzidas pelos devotos ao som de cântico e louvores para o "barco andor"

68 *Nossa Senhora dos Navegantes, MS*

Hino a Nossa Senhora dos Navegantes

Eia povo devoto a caminho,
Sob a vista bondosa de Deus
Vamos todos levar nosso preito
À bendita Rainha dos céus!
Salve, ó Virgem Mãe Piedosa!
Salve estrela formosa do mar!
Santa Mãe dos navegantes
Sobre nós lançai olhar. (bis)
Nossas almas desfiram ferventes
Sobre a terra e água do mar
Lindos hinos de amor
procurando A Rainha dos
céus exaltar.

Nossa vida será mais tranqüila,
Toda cheia de flores e luz,
Se nós formos buscar doce abrigo
Sob o manto da Mãe de Jesus!

◄ No cerimonial em terra, cerca de 15 mil pessoas aplaudem calorosamente as imagens dos santos, antes da missa campal

comparecendo às missas nas quais se incluem terços, rezas e cânticos. Mas há também quermesses, shows musicais, praça de alimentação, parques de diversões e até um quarteirão da paquera. O último dia é o clímax da celebração, quando ocorre a Procissão Fluvial de Nossa Senhora dos Navegantes.

Nesse dia, a procissão é iniciada por terra, a partir da Igreja de Nossa Senhora dos Navegantes, no município de Bataguassu, às 8 da manhã. Conduzida pelos devotos, o andor com a imagem da santa é levado, ao som de cânticos e louvores, até o "barco andor", uma grande embarcação fluvial ornada com mastros, flores e bandeiras coloridas. Junto com a imagem, também seguem outras sete: as de São Benedito, Nossa Senhora Aparecida, Santa Terezinha, Nossa Senhora das Graças, Nossa Senhora do Perpétuo Socorro, São Judas Tadeu e Santo Antônio. Centenas de pessoas, devotos que confiam suas vidas à proteção dos santos, participam da procissão fluvial rumo à margem paulista.

O percurso com destino ao município de Presidente Epitácio, no Estado de São Paulo, tem início no distrito de Nova Porto XV, na margem sul-mato-grossense. São 15 km de travessia do Grande

▼ O "barco andor" é uma grande embarcação ornada com mastros, flores e bandeiras coloridas que conduz a procissão fluvial até a outra margem do rio Paraná

As transformações da festa

O dia de Nossa Senhora dos Navegantes é comemorado oficialmente pela Igreja Católica em 2 de fevereiro. As primeiras festas foram realizadas respeitando essa data, porém, quatro anos depois da primeira edição, em 1951, a comunidade reunida com os organizadores e autoridades locais decidiram alterar a data para o dia 15 de agosto, por causa das características climáticas da região: em fevereiro predominam períodos de fortes chuvas e enchentes. Nessa época, o Porto XV de Novembro ficava praticamente todo inundado, o que dificultava a procissão.

Em 1998, com a construção da Usina Hidrelétrica Engenheiro Sérgio Motta, no rio Paraná, a formação do reservatório de Porto Primavera inundou o distrito de Porto XV de Novembro e a população teve de ser transferida para um novo espaço, a Nova Porto XV, a 12 quilômetros da antiga margem. Com essas transformações, em 1999 e 2000, a procissão foi realizada apenas em terra, com as imagens sendo conduzidas por caminhão em vez de barcos. Em 2001, a procissão voltou a ser fluvial, permanecendo assim até os dias atuais.

Lago, formado pela águas da hidrelétrica Sérgio Motta ou Porto Primavera, localizada a 140 km rio abaixo, e segue até o município de Presidente Epitácio, na outra margem, quando, em procissão, os fiéis se dirigem ao Píer Turístico, no qual se unem à comunidade da cidade paulista.

A travessia é o ponto alto da festa. As embarcações, todas ornamentadas nas cores azul e branca, lotadas com fiéis em fervorosas orações, seguem em procissão fluvial, desembarcando no cais de turismo de Presidente Epitácio. É lá que acontece um dos grandes momentos da festa, talvez o principal: o padre da Igreja Católica e o prefeito de Bataguassu entregam ao padre da Igreja Católica e o prefeito de Presidente Epitácio o andor que conduz a imagem de Nossa Senhora dos Navegantes. É o momento do cerimonial, que inclui banda de música, coral religioso, fogos de artifício e uma multidão, algo em torno de 15 mil pessoas, que aplaudem calorosamente. Em seguida, ocorre a missa campal, celebração religiosa tradicional realizada ao ar livre. Após a santa missa, retornam na embarcação fluvial, em procissão e oração, à Capela Nossa Senhora dos Navegantes, em Bataguassu, momento em que os fiéis pedem proteção e bênçãos especiais aos santos ali invocados – são agradecimentos pelas graças alcançadas e renovação de promessas. Por causa da tradição de 60 anos e ao grande número de devotos e turistas de todas as regiões que o evento atrai, a Festa de Nossa Senhora dos Navegantes está incluída no calendário oficial de eventos do Estado do Mato Grosso do Sul.

Festas nas águas

Boas lembranças

"Parece que foi há pouco tempo, mas já se passaram mais de 62 anos desde a primeira Festa de Nossa Senhora dos Navegantes, ocorrida em 2 de fevereiro de 1948. Eu tinha 14 anos e acompanhei com muito respeito e atenção a movimentação dos religiosos. Ela se transformaria numa das mais antigas e tradicionais festas religiosas embarcadas do Brasil. Tenho saudades do antigo local em que a festa acontecia e que hoje está inundado pela represa. Era um cenário muito bonito na margem direita do rio Pardo, além de muito apropriado para a programação da festa, que incluía piqueniques, corridas de cavalos e partidas de futebol. Recordo-me do grande número de embarcações, de devotos e de turistas que compareciam a cada comemoração realizada. Usávamos as balsas de transporte de gado com seus respectivos currais, todas desinfetadas rigorosamente e pintadas com cal. Falar dessas lembranças é um assunto inesgotável, porque existem muitas histórias importantes e lindas para ser contadas."

Wilson Cruz, historiador da Festa de Nossa Senhora dos Navegantes

A festa teve sua origem inspirada por evento semelhante que ocorre tradicionalmente em Porto Alegre (RS). No fim de 1944, antes da emancipação político-administrativa do município de Bataguassu, Joaquim Rodrigues Leite e sua mulher, Bernardina Monteiro Rodrigues Leite, viviam um período de grande aflição, pois um dos filhos combatia nos campos da Itália, durante a Segunda Guerra Mundial. Foi quando fizeram a promessa de – se o filho retornasse da guerra com vida e saúde – construir no distrito de Bataguassu uma capela em homenagem a Nossa Senhora dos Navegantes. Durante os quatro anos que o expedicionário permaneceu em combate, a família revelou a promessa a alguns amigos, entre eles alguns pescadores, moradores do local. A partir daí surgiu a ideia de se realizar na região, nas águas dos rios Pardo e Paraná, uma festa religiosa, a da padroeira dos marinheiros, pescadores e viajantes. Com o fim da Segunda Guerra Mundial, o filho retorna à casa do pai e a promessa é cumprida. Joaquim Rodrigues Leite e o grupo de amigos iniciam, no ano de 1947, a construção da Capela de Nossa Senhora dos Navegantes e, ao término da obra, a comunidade recebe a imagem da santa em grande festa, unindo fiéis das margens sul-mato-grossense e paulista.

◄ O envolvimento da comunidade das duas cidades é intenso, uma prova do compromisso e do respeito ao evento religioso

▼ A procissão parte da pequena Capela de Nossa Senhora dos Navegantes, em Bataguassu (MS), atravessa o rio Paraná e chega à cidade de Presidente Epitácio (SP)

Festas nas águas 73

Banho do São João
Corumbá, MS

Batizado no arraial

A Festa de São João, em Corumbá, também chamada de Arraial do Banho de São João, é um dos maiores eventos populares do Estado de Mato Grosso do Sul e reconhecida pela sua importância histórica – a ponto de ser considerada patrimônio cultural pelo Instituto do Patrimônio Histórico e Artístico Nacional (Iphan). Trata-se de uma manifestação que tem característica muito própria e pouco comum: a de manter a tradição de banhar o santo nas margens do rio Paraguai, que passa pela Corumbá, num ritual que relembra o batismo de Cristo por São João Batista.

Mas a festa oferece muitas atividades. Realizada em três dias, de 22 a 24 de junho, é uma das principais atrações turísticas de Corumbá, um acontecimento religioso único em Mato Grosso do Sul que expressa a predominância da cultura afrodescendente na cidade, com cerca de 70% da população.

A festa tem início com um popular concurso de andores. Uma dezena de festeiros se inscreve para desfilar com seu andor, preparado meticulosamente nos dias que antecedem a festa. É, na verdade, um estímulo para manter viva uma das mais marcantes características da festa pantaneira: a preparação do andor junino. Muito enfeitados, coloridos e repletos de peças regionais, os altares de São João emocionam o público presente por causa da beleza e da reprodução das histórias religiosas que apresentam.

Enquanto isso, a praça de alimentação está preparada para receber a grande leva de visitantes e moradores locais que buscam quitutes, doces e bebidas típicas da região. São mais de 60 barracas com as mais variadas versões da culinária de Mato Grosso do Sul: sarrabulho, paçoca com carne-seca, bobó de galinha, peixes diversos, caldo de piranha, arroz de carreteiro e milionário, guisado de mandioca com carne-seca, muita comida árabe, churrasco, saltenha, pastel e doces variados, entre eles paçoca e cocada. Além da comilança, há

➤ Uma das características da festa é a de manter a tradição de banhar o santo nas margens do rio Paraguai, num ritual que lembra o batismo de Cristo por São João Batista

Festas nas águas

inúmeras atrações que fazem a alegria dos frequentadores – como pau-de-sebo, rocinha, tenda mística, correio elegante e o altar dos santos. Tarde da noite ocorre a queima da fogueira, a "quadrilha oficial", também chamada de "Vai Quem Quer", e a programação se encerra com um show pirotécnico, saudando o do Dia de São João. Em algumas noites, os eventos avançam pela madrugada, com shows musicais populares e mais quadrilha.

A manifestação começa nas casas das famílias festeiras, uma tradição na qual ocorrem cânticos religiosos, orações, histórias de fé em decorrência de milagres operados pelo santo que, segundo a *Bíblia*, batizou Jesus Cristo no rio Jordão. Cada família promove seu arraial, com características próprias.

"Há 70 anos promovemos a Festa de São João de Nhá Concha, que começou com minha avó, dona Joana de Almeida. É muito bom saber que, além da cidade, estou homenageando minha família. Damos continuidade à festa ao longo dos anos com muito sacrifício, o que só é possível com a união entre os familiares. São João representa a fé do povo corumbaense, cuja crendice é repassada de pai para filho", diz a festeira Reginalda Mendes Vera. As graças alcançada são os motivos pelos quais os devotos tanto se dedicam à Festa de São João Batista ao longo de uma vida inteira.

Todas as celebrações incorporam figuras da crendice popular, trazendo fogos de artifício que, pela tradição, têm no barulho o poder de espantar maus espíritos e acordar São João para a festa. O levantamento do mastro simboliza o desejo de fertilidade da terra, de boa colheita.

▼ Nas águas do rio, a imagem é submetida a um banho de renovação e bênçãos

A cidade

Corumbá é um dos principais destinos ecoturísticos de Mato Grosso do Sul e é conhecida como a "Capital do Pantanal" por ser banhada pelas águas do Paraguai, principal rio da região. A cidade, fundada em 21 de setembro de 1778, pelo império português, possui aspectos histórico e culturais marcantes, como o Casario do Porto, construído no século 19, hoje tombado pelo Iphan (Instituto do Patrimônio Histórico e Artístico Nacional).

Festas nas águas 77

Banho do São João, MS

Festas nas águas

Boas lembranças

"O nosso arraial é o mais antigo e tradicional dos 15 arraiais que participam da Festa de São João Batista. É de família, passa de avó pra mãe pra neto pra bisneto... A preparação começa um ano antes, com a ajuda da prefeitura e da Secretaria de Cultura. Fazemos a novena, antes do dia 22 de junho, no dia organizamos um café da manhã a nossos integrantes e vamos apanhar o santo na casa da Rainha, a dona Olga, que arruma São João Batista para levarmos à Igreja Matriz do Santo Antonio.

Após a missa, partimos em procissão para o Porto Geral, onde acontece o banho do santo e dos devotos no rio Paraguai. Alguns vão a pé, outros de caminhão, carro e outros veículos. No caminho, duas bandas nos acompanham e o povo vai dançando e cantando... É muito lindo!

Vem muita gente de longe para pagar as promessas, tem gente que traz até novilho de oferenda! No dia 22 também comemoramos o São João, fazendo uma festa com as crianças que serão os futuros devotos.

A descida da ladeira Cunha e Cruz é muito disputada no percurso ao porto para dar o banho no santo. Está tudo muito decorado com velas, lanterninhas e balões. E também com muita segurança dos bombeiros e navios da Marinha que ficam cuidando de tudo. Agora temos lá uma nova capela para orações e repartimos o pão e os arraiais se confraternizam.

São três dias de festa no Porto Geral e na cidade de Corumbá. Ao todo, são mais de 100 famílias que participam da festa e são 70 imagens do São João Batista. Uma beleza! Gostaria que todos os brasileiros religiosos viessem ver nossa festa em junho!"

Dona Reginalda Mendes Vera, 57 anos, coordenadora do Arraial de Nhá Concha

Mas o maior momento da festa, o que mais atrai a atenção do público e que oferece mais simbolismos religiosos, é a lavagem do santo. Na passagem do dia 23 para 24 de junho, uma procissão desce a ladeira Cunha e Cruz conduzindo a imagem de São João num andor todo enfeitado em direção ao Porto Geral, situado às margens do rio Paraguai. À frente da procissão, seguem enormes bonecos, acompanhados por devotos portando velas acesas e entoando cânticos religiosos. Ao longo da caminhada, as ruas são decoradas com luminárias de papel e bandeirolas. Nas águas do rio, a imagem é submetida a um banho de renovação e bênçãos – ato que irá renovar as forças de São João e abençoar tudo o que se relaciona com as águas e com o homem.

Trata-se, segundo o conhecimento popular, de uma tradição trazida pela comunidade árabe em 1882. Mas o banho de São João teve origem no costume português, a partir do século 14, do banho de rio obrigatório no dia do santo. No momento em que a imagem é banhada, a água do rio passa a ter poderes curativos e, por essa razão, os participantes molham os pés, o rosto e outras partes do corpo. Os fiéis e devotos, já carregando o andor, dão três voltas em torno da fogueira e do mastro erguido na frente da casa e seguem para o Porto Geral. Os festeiros que participam da lavagem são cadastrados no sistema cultural da cidade e são mais de 100 os oficiais – embora existam famílias e instituições que também participam de maneira não oficial.

São tradições mantidas há mais de um século pelos antepassados e que se renovam anualmente, com muito mais força e fé em São João Batista. "É a renovação do batismo", dizem os participantes tradicionais da festa – o que explica o fato de, durante a festa, acontecer um enorme número de batizados.

◄◄ As imagens são ricamente ornadas para a procissão que leva ao rio Paraguai, onde ocorrem os banhos dos santos

▼ No centro da cidade, a praça recebe visitantes e promove um festival de shows tradicionais e populares

Sudeste

Bom Jesus de Iguape, SP

Festa do Divino, SP

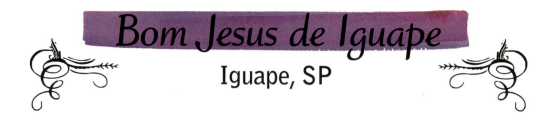

Bom Jesus de Iguape
Iguape, SP

A lenda que virou festa

Um certo navio português fazia uma viagem de rotina ao Brasil carregado de mercadorias, inclusive uma imagem do Senhor Bom Jesus. Próximo da costa brasileira, na altura de Pernambuco, o navio foi atacada por embarcações holandesas. Era o ano de 1647 e, naquela época, o país sofria, na região pernambucana, o domínio da Holanda.

Na batalha que se seguiu, vários objetos foram lançados ao mar, inclusive a imagem de Jesus.

Alguns meses mais tarde, no sul do Estado de São Paulo, nas proximidades de Cananeia, dois índios encontraram a imagem ao sabor das ondas do mar. Resolveram resgatá-la, trazendo-a para a praia, colocando-a de pé na areia, voltada para o nascente. Pensando em levar a imagem à cidade na volta, seguiram sua jornada. Mas, quando retornaram, encontraram a imagem voltada para o poente. Surpresos, relataram o ocorrido ao povo da vila da praia do Una, o que provocou espanto e admiração. Alguns pescadores resolveram resgatar a imagem e conduzi-la à vila de Itanhaém, sede da então capitania. Mas, no caminho, surpreenderam-se com o fato de que a imagem ficava cada vez mais pesada, o que não acontecia quando se voltavam em direção à vila de Iguape. Perceberam, então, que a imagem já havia escolhido seu destino e mudaram o rumo do caminho. Durante o trajeto, formou-se uma procissão, atraindo cada vez mais pessoas num cortejo improvisado. Após dias de caminhada, encontraram um riacho próximo a uma gruta, onde lavaram a imagem, preparando-a para sua chegada na matriz de Nossa Senhora das Neves, em Iguape, o que ocorreu precisamente no dia 2 de novembro de 1647.

➤ A imagem do Senhor Bom Jesus foi encontrada na praia e hoje permanece na Basílica do Senhor Bom Jesus de Iguape

▲ Uma multidão formada por moradores e visitantes, vindos de vários pontos do Estado de São Paulo, presencia a procissão e os rituais da festas

As notícias correram rapidamente: atribuía-se à imagem poderes milagrosos, o que bastou para que a matriz se tornasse ponto de peregrinação de devotos de toda a região.

Anos mais tarde, a peregrinação foi consolidada no mesmo dia da transfiguração do Senhor, 6 de agosto, quando ocorria a Procissão do Senhor Bom Jesus, estabelecendo uma tradição que já dura séculos – e, nessa data, a cidade de Iguape recebe a visita de muitos romeiros devotos do Bom Jesus numa grande demonstração de fé e devoção. Estima-se que receba cerca de 150 mil visitantes durante as comemorações da festa realizada em agosto.

No passado, as multidões afluíam para a região em carros de boi ou em tropas. Hoje, a maior parte dos peregrinos chega de carro, de ônibus ou na boleia dos caminhões, embora haja quem mantenha a tradição de viajar a cavalo. Tanto é assim que há um dia específico da festa no qual a missa é celebrada em homenagem aos tropeiros, que desfilam suas montarias pelas ruas da cidade.

O trajeto percorrido pela imagem até chegar a Iguape hoje é refeito em procissão, conhecida como Travessia da Jureia, por atravessar a Estação Ecológica Jureia-Itatins. São 29 km feitos a pé num caminho que combina a emoção dos devotos com a exuberância da região, cuja natureza intocada é dominada pela Mata Atlântica.

É uma jornada que ocorre na primeira semana de agosto e que atrai muitos visitantes da região e até turistas de outros estados – e

A tradição de Iguape

Iguape é uma das cidades mais antigas do Brasil: foi oficialmente fundada em 3 de dezembro de 1538. Ao longo de sua história, passou por vários ciclos econômicos, incluindo a mineração do ouro, a indústria naval e, mais recentemente, a agricultura do arroz. Mas o que chama mais a atenção na pequena cidade é o conjunto arquitetônico de seus edifícios, todos tombados pelo Condephaat (Conselho de Defesa do Patrimônio Histórico, Arqueológico, Artístico e Turístico do Estado de São Paulo).

Um dos mais notáveis edifícios desse conjunto é a Basílica do Senhor Bom Jesus de Iguape – com a imagem original do santo –, cuja construção foi iniciada em 1787, mas só inaugurada em 1856, em decorrência da falta de recursos. A Basílica chama a atenção principalmente pelos afrescos do teto da nave, executados pelo pintor paulista Ernesto Thomazini entre 1924 e 1926. Classificada como igreja até 1962, foi elevada à categoria de basílica por determinação papal.

a cidade de Iguape e vilas vizinhas ficam com seus hotéis lotados durante e após a procissão, quando ocorre uma grande concentração popular em torno das comemorações do dia.

A romaria tem início na praça de São Benedito, em Iguape, onde os devotos e visitantes se reúnem para partir em procissão rumo à praia do Una. Parte do trajeto é feito sobre barcos que permitem a travessia do rio Una para se chegar ao local onde a imagem do Bom Jesus foi encontrada há mais de três séculos. O lugar é considerado sagrado pelos devoto e nele ocorre a missa campal — momento em que o padre evoca os problemas da região, representados, sobretudo, pelas questões fundiárias que ocorrem entre caiçaras, quilombolas, índios e ribeirinhos. Há um momento de reflexão e fé. Depois todos partem para a procissão, que termina no costão da praia da Juréia, em Iguape. Os participantes chegam cansados por causa das dificuldades do percurso, mas também aliviados pela prática da fé e a esperança de solução de seus problemas.

A peregrinação a Iguape tem uma característica que difere das outras romarias. Os devotos também visitam a Gruta do Senhor, como parte de uma tradição local, já que a procissão que levou o Senhor do Bom Jesus à vila parou para lavar a imagem numa fonte antes de Iguape. Difundiu-se, então, a história de que a pedra, sobre a qual a

▼ A praça da Basílica fica no centro histórico da cidade, onde todos os edifícios são tombados pelo Condephaat

O que diz o povo

"Na época da festa, início de agosto, a cidade de Iguape fica lotada de milhares pessoas que vêm de várias partes de São Paulo, principalmente do Vale do Ribeira. Dizem que é uma festa ligada ao mar porque a imagem do Nosso Senhor Bom Jesus foi encontrada por pescadores na praia do Una. Após da missa, na praia acontece uma caminhada com poucas pessoas, cerca de 100, até Barra do Ribeira e depois esse grupo pega os ônibus em direção à matriz, em Iguape. Daí ajuntam várias pessoas e termina com procissão e festa. Algumas pessoas dizem que veem a aparição do santo sobre as pedras das montanhas. Na festa de Nossa Senhora de Rocio ocorre uma procissão marítima, depois a santa sai da igreja em procissão terrestre. A imagem embarca no Porto do Mar Pequeno, próximo à passarela do Rocio, e é seguida por mais de 30 barcos, incluindo o meu. Percorremos todo o Vale Grande, uma espécie de braço de mar, durante 40 minutos, e voltamos em seguida para a cidade, onde ocorre a quermesse e a festa com banda, muita música, foguetes, uma beleza que só vendo..."

Lauro Evilásio de Andrade, 57 anos, pescador, frequentador das festas há 44 anos

"A festa de Nossa Senhora do Rocio é muito linda, com muito sincretismo, muita fé e esperanças. A imagem da santa é muito bela e vai no barco com todos os cuidados. Eu sou um dos que seguram a Nossa Senhora. São muitas pessoas e barcos, todos unidos em uma só fé. Uma história interessante que contam por aqui é a de um barco que participou de uma procissão e ao fim saiu para o alto-mar e ficou desaparecido vários dias. Todos já estavam rezando pelas almas dos pescadores quando, de repente, ele apareceu no porto, intacto, depois de passar por uma tormenta brava. Toda a tripulação estava salva e o barco ainda mantinha as flores e bandeiras da decoração da procissão."

Gilberto Carlos Cato, 41 anos, pároco da matriz de Nossa Senhora do Rocio de Iguape

Festas nas águas   89

A célebre visita

"A multidão que desfila ao longo de uma rua estreita, enchendo-a por completo, é efetivamente o agrupamento mais estranho que se possa encontrar. As idades, as raças, a cor das roupas, as classes, as doenças, tudo fica misturado numa massa oscilante e colorida, estrelada, às vezes, pelos círios, acima dos quais explodem incansavelmente os fogos, passando também, vez por outra, um avião, insólito neste mundo intemporal."

Esse texto, que descreve a procissão do Bom Jesus, em Iguape, está no *Diário de Viagem,* do francês Albert Camus (1913-1960) e reaparece, com outras palavras, no último conto do livro *O Exílio e o Reino,* publicado em 1957, ano em que o escritor recebeu o Prêmio Nobel de Literatura.

Bom Jesus de Iguape, SP

imagem teve suas cores restauradas pela água, passou a crescer ininterruptamente. Essa pedra está numa pequena gruta e sobre ela construiu-se uma capela de alvenaria, pouco maior do que um oratório.

Alguns romeiros fazem fila para descer à gruta e, martelo na mão, apanhar lascas da pedra que teria propriedades milagrosas. É o caso da catarinense Maria José Lacerda, que há 20 anos viaja de Urubici a Iguape para participar da procissão e garantir um pedaço da pedra milagrosa. Conservada num aquário, ela jura que a pedra aumenta de tamanho. Outro que defende as propriedades curativas da pedra é Mario Schmidt, descendente de alemães e participante dos festejos há 32 anos. Ele garante que a relíquia foi responsável pela cura de um primo desenganado.

A imagem original do Senhor Bom Jesus saiu em procissões até o ano de 1946, quando, por motivos de segurança, passou-se a utilizar uma réplica. A original permanece na Basílica do Senhor Bom Jesus de Iguape.

Também em Iguape ocorre a festa em homenagem a Nossa Senhora do Rocio, todos os anos, entre 6 e 15 de novembro. É uma festa de menores proporções, mas muito querida pela população local, organizada pela comunidade do bairro do Rocio e pela Paróquia Nossa Senhoras das Neves. A festa inclui uma programação religiosa e uma procissão marítima, além de quermesse e outras atividades populares.

▼ Todos os anos, antes da festa, a imagem do Senhor Bom Jesus é lavada na gruta em que, originalmente, ela teria sido restaurada pelas águas

Festas nas águas 91

Festa do Divino
Anhembi, SP

Um acontecimento inusitado

Um mês antes do início da festa, os encarregados promovem a "derrubada das canoas", um pequeno ritual em que as embarcações saem do seco para ser colocadas no rio Tietê. Já é uma tradição bem antiga e o motivo é fazer a madeira do barco inchar com a água para adquirir o peso adequado, verificar eventuais furos no casco e promover os devidos reparos. É um ritual necessário porque, como acontece todos os anos, os barcos serão usados para cumprir uma importante etapa da Festa do Divino de Anhembi. Os irmãos da redondeza vão todos para a cidade de Anhembi, no interior do Estado de São Paulo, e se reúnem na Casa do Divino, onde é servido café e almoço a todos, num ritual cercado de cantigas religiosas. No começo da tarde, seguem para a "casa dos barcos", de onde saem com as embarcações para o rio Tietê. Essa casa é um barracão construído para abrigar tanto os batelões velhos como os novos, utilizados pela irmandade que produz a festa, e é um verdadeiro acervo histórico de modelos utilizados no passado – os primeiros foram feitos de "um pau só", isto é, um só tronco de árvore para construir cada barco.

Com a derrubada dos barcos, a Festa do Divino é oficialmente inaugurada e a pequena cidade, com quase 6 mil habitantes, começa a entrar em clima de festa, que vai perdurar ao longo de um mês. Na praça central já se pode participar de quermesses e bingos e apreciar quitutes locais. A cada dia, a celebração vai se encorpando, ganhando atrações e frequência, para chegar ao seu ápice no começo de maio. Todos esses eventos completam a grande lista de preparativos para os três dias de apogeu da festa, quando as ativi-

▶ O levantamento do mastro é feito com a ajuda de remos e lenços

▶▶ Uma das características da Festa do Divino de Anhembi é a romaria, que inclui a navegação pelo rio Tietê

Festas nas águas 93

▲ Romeiros garantem o aspecto religioso da festa, participando com emoção dos rituais

➤ Os barcos, conhecidos como batelões, levam os participantes vestidos a caráter em romaria pelo rio Tietê

➤➤ Uma das tradições da festa é a utilização de mortalhas por devotos durante a passagem da procissão

dades se intensificam e a frequência de visitantes aumenta sensivelmente – estima-se que a cidade receba, no auge da festa, cerca de 30 mil, vindos das mais variadas regiões do Estado de São Paulo e fora dele.

As ruas e avenidas ficam lotadas de barraquinhas e os bailes se multiplicam pelas noites dos fins de semana. Convivendo pacificamente com essas modernidades, a festa mantém suas tradições em vários aspectos. Como, por exemplo, a comida feita em tachos na casa da festa e nas casas dos "pousos". "É de se admirar a fé desse povo que vem de longe para cumprir uma promessa, bem como os da cidade que passam um mês em comemoração. É um grade evento tradicional, rico em valores espirituais, que conta com a colaboração de todos os munícipes e autoridades locais", diz um morador da cidade, assíduo participante dos festejos.

Uma das características mais peculiares da Festa do Divino de Anhembi é a romaria de nove dias que antecede o auge do evento. Nela, o grupo de romeiros refaz todos os anos a penitência de viajar de casa em casa levando a bandeira e cantando louvores ao Divino. É o que chamam de "Pouso do Divino", uma tradição cuja origem está ligada à passagem de bandeirantes pela região. O objetivo dessa peregrinação é obter "prendas" das fazendas visitadas – normalmente, provisões para as refeições oferecidas pela organização da festa aos devotos: cereais, aves, suínos, caprinos e lenha. A Casa do Divino, sede central dos festejos, permanece aberta durante todo esse tempo, servindo doces, carnes e bandeirinhas, e preparando as refeições para os visitantes: os festeiros e ajudantes, durante o tempo em que visitam os sítios e fazendas, hospedam-se na Casa do Divino.

Dessa romaria depende muito o sucesso da festa: quanto mais angariarem em suas excursões, mais a "Casa da Festa" dará de comer ao público – e todos estão convidados. Normalmente, a "Casa da Festa" alimenta, aproximadamente, 5 mil pessoas, a maioria vinda de outras cidades.

Na romaria, os participantes vão a caráter: usam uniformes azuis e, na cabeça, trazem um gorro bretão, com um "pompom" vermelho na ponta. Os punhos, a faixa da cintura e a gola também são da mesma cor. Cantando e tocando, batem às portas de todas as casas, solicitando aos seus donos, pouso, comida, ofertas para a "Casa da Festa".

Os romeiros fazem a peregrinação usando variadas formas de transporte – a pé, a cavalo ou navegando pelo rio Tietê nos batelões tradicionais. A utilização dos barcos é uma alusão ao meio de transporte principal dos bandeirantes, uma tradição mantida até hoje. São dois batelões que transportam 120 irmãos do Divino. No domingo da festas, vestem-se de branco e reproduzem cenas de pro-

Festas nas águas 97

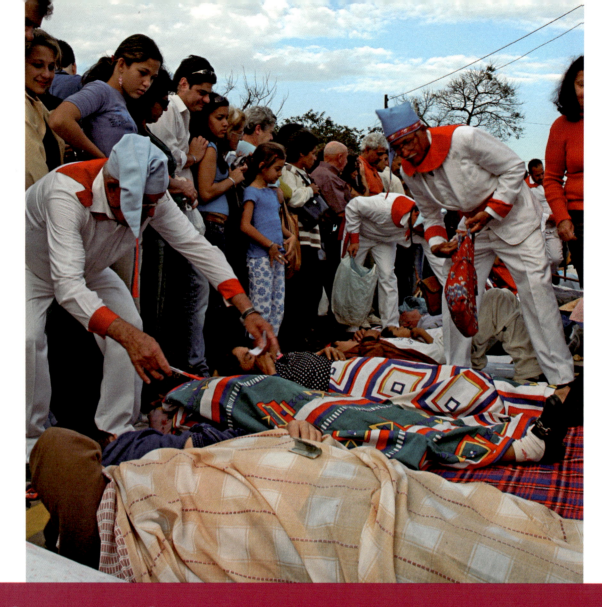

Cenas da festa

No sábado do fim de semana da festa acontece o Encontro das Bandeiras pelos dois batelões. A um sinal de um rojão, os dois barcos, carregados de promessas e ex-votos, navegam pelo rio ao som de um coro de vozes que entoa cantigas religiosas. Sob a ponte que liga a cidade de Piracicaba a Anhembi, ancoram e começam a "saranga". Os coros das duas barcas duelam e a multidão, agrupada nas margens, se emociona. A procissão desfila os andores com as imagens dos santos e os trabuqueiros disparam suas armas. Os promesseiros carregam seus "ex-votos" usando fitas coloridas. As amarelas significam desespero, as verdes, esperança, as brancas, paz. Há aqueles que prendem fotos às fitas e também os que querem entregar as suas esmolas. Os trabuqueiros, vestidos com calças, túnicas e casquetes azuis, saúdam o início da cerimônia. À frente deles, uma longa fila de devotos deitados no chão, enrolados em mortalha, com os rostos cobertos e esmolas sobre os corpos. Eles saltam sobre corpos recolhendo as esmolas e disparam suas armas dando fim ao ritual. O restante das tripulações dos barcos sai, juntamente com a banda, em procissão e o povo acompanha. Em frente à Matriz, lendária igrejinha de Anhembi, acontece o levantamento do mastro de 9 metros, pintado com faixas alternadas de azul e vermelho. Depois de tudo, a banda e os "marinheiros" dirigem-se à Casa da Festa, onde será servido almoço para todos.

Festa do Divino, SP

váveis encontros que ocorriam antigamente. É o chamado Encontro das Bandeiras que ocorre nas águas do rio Tietê na altura da ponte que liga Piracicaba a Anhembi (*veja quadro à pág. anterior*).

Além dessa, a festa tem outras características muito marcantes, que lhe dão personalidade especial:

Saranga: são cânticos entoados pelos irmãos de fé durante a peregrinação e no dia do Encontro das Bandeiras. Em uníssono, fazem um clamor em gemidos que comove toda a assistência.

Amortalhados: são aqueles devotos que se enrolam em lençóis ou bandeiras e deitam nas ruas da cidade para cumprir suas promessas. Nessa ocasião, chegam a contabilizar cerca de mil amortalhados em cada festa.

Levantamento do mastro: mantém-se o costume de se colocar o mastro em frente da Matriz, após o encontro das canoas no rio e pouco antes da missa campal. Os foliões cantam ao Divino e o mastro é levantado sem o uso das mãos, o que é feito somente com remos e lenços.

Foliões: um ou dois adultos e mais três ou quatro meninos compõem a equipe de foliões, encarregada de conduzir os cânticos em várias situações do ritual religioso. As músicas são sempre as mesmas, mas não se conhece o autor. Estima-se que foram criadas por volta de 1850.

▼ A procissão terrestre reúne cerca de 30 mil pessoas, entre moradores e visitantes

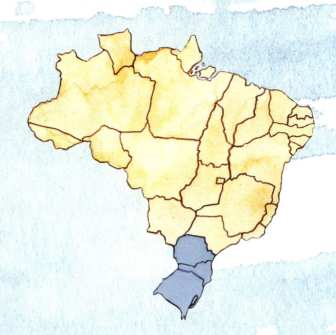

Sul

Nossa Senhora dos Navegantes, RS

Nossa Senhora dos Navegantes
Porto Alegre, RS

A grande festa do sul

Em meados de janeiro, a cidade de Porto Alegre, no Rio Grande do Sul, começa a se mobilizar para aquela que é considerada a maior festa local, o grande acontecimento religioso do sul do país. Na Igreja de Nossa Senhora dos Navegantes, localizado ao norte da cidade, começam os preparativos para a transladação da imagem da santa, que deverá ser transferida, em procissão, para a Igreja do Rosário, localizada no centro da cidade. Lá, será visitada e adorada por milhares de pessoas até que, em 2 de fevereiro, dia da Festa dos Navegantes, ela retorne à igreja original, em uma manifestação religiosa única entre os porto-alegrenses.

Os preparativos incluem um detalhado trabalho de ornamentação da santa. Ela é retirada do altar-mor e cuidadosamente lavada. Em seguida, é colocada em um andor em forma de barco, sobre o qual fará o trajeto até a outra igreja. Para isso, são utilizadas 15 dúzias de violetas de várias cores – rosa, azul-claro, lilás. Elas são fixadas no andor e nas costas da santa em forma de arranjos criativos, com a preocupação de estar bem fixadas. Afinal, ao longo do caminho, as pessoas que acompanham a imagem tentarão pegar essas flores como um amuleto sagrado, o que acaba inevitavelmente acontecendo. Além das flores, o barco-andor é ornamentado com vários metros de tule, criando-se assim uma associação com nuvens, como se a santa estivesse flutuando sobre elas. Sobre a tule, usa-se fitas coloridas, enfeitando todo o barco.

Também a igreja se prepara para o início da transladação, enquanto voluntários percorrem o trajeto distribuindo pelos prédios sacos de papel picado que deverão ser lançados sobre a santa no momento em que ela passar.

Em frente à igreja, na praça dos Navegantes, a população se aglomera, esperando a missa e a saída da santa. A uma emoção incontida.

➤ Por mais de um século, a festa manteve a procissão fluvial, que acabou sendo suspensa por motivos de segurança

Festas nas águas 103

Nossa Senhora dos Navegantes, RS

A procissão fluvial percorria 5 quilômetros pelo rio Guaíba, reunindo barcos de todos os tamanhos

Adeus, adeus, adeus
Mãe do Navegador
Adeus sempre rainha
Dos mares do Senhor
Acalmas as tempestades
No mar da nossa vida
Ó mãe dos navegantes
Adeus, ó mãe querida
Rejeitais todos louvores
Que não são de coração
Aceitais todas as honras
Na Santa Comunhão
Adeus, adeus, adeus
Com vozes incessantes
Adeus, adeus, adeus
Mãe Santa dos Navegantes
Na comunhão dos santos
Brilhos com esplendor
Para levar a Deus
O povo do Senhor

Quando a banda começa a tocar a saudação inicial, a respiração é suspensa. A pároco da igreja começa a missa na qual dá ênfase à importância da procissão como ato de fé: uma caminha da penitência por 6 quilômetros atravessando a cidade até a Igreja de Nossa Senhora do Rosário. No fim da missa é executado um hino e os devotos deixam o local, à espera da saída da imagem da santa. Quando isso acontece, a banda sauda a passagem do andor, que é entregue aos remadores, aqueles que, tradicionalmente, são incumbidos de conduzir a imagem pela cidade. São pessoas das mais variadas procedências, todas ligadas a clubes com equipes de remo, como Grêmio e Internacional, os mais conhecidos. Vestidos de calça branca e camiseta de regata dos clubes náuticos que representam, dão início à procissão. Na saída da praça dos Navegantes, atravessam um tapete de hortênsias. Ao longo dos 6 quilômetros, serão acompanhados por uma multidão de mais de 50 mil pessoas e, também, por fogos de artifício e chuva de papel picado, lançados pelo público que margeia a passagem da procissão. As janelas das residências estão decoradas com colchas e toalhas e as igrejas repicam seus sinos. Na Igreja do Rosário, o padre aguarda a chegada da imagem, juntamente com seus fiéis. A santa é ovacionada dentro da igreja e instalada, juntamente com seu andor, do lado esquerdo da nave central. Por mais de uma semana, a imagem permanecerá ali, disponível a milhares de pessoas que a visitam, até que, no dia 2 de fevereiro, dia de Nossa Senhora dos Navegantes, ela retorne, em procissão idêntica, à sua moradia.

▼ Na procissão terrestre, a imagem da santa é acompanhada por mais de 50 mil pessoas, entre devotos e curiosos

A devoção dos gestos

"Participo dessa bela festa de Nossa Senhora dos Navegantes, no dia 2 de fevereiro, há 17 anos. A organização social da festa, que começa um ano antes, é realizada pela Irmandade de Nossa Senhora e cabe à nossa paróquia a parte religiosa. São mais de 400 pessoas participando voluntariamente. Temos o envolvimento também dos clubes náuticos ao longo do rio Guaíba, tais como Grêmio Náutico, União, Vasco da Gama Náutico. Alguns barcos desses clubes e embarcações avulsas deslizam pelo rio Guaíba e depois se juntam para a grande procissão em terra, uma caminhada de 6 quilômetros até Porto Alegre com chegada em grande festa no Santuário de Nossa Senhora. Sem medo de errar, são mais de 400 mil pessoas em todo o percurso. Em baixo do sol causticante do verão. O momento da procissão é muito lindo e emocionante. Todos caminham pelas avenidas com flores e oferendas seguindo Nossa Senhora, carregada por pescadores e gente do povo. A grande maioria é gaúcha, mas temos visitantes de Santa Catarina, Paraná e de Argentina, Paraguai e Uruguai também. O povo de Porto Alegre nasceu e cresceu sob a proteção de Nossa Senhora dos Navegantes. Muitos que saíram da cidade voltam para cá no dia dela. A imagem de Nossa Senhora dos Navegantes chega na paróquia por volta das 10h30 e retorna para o altar da igreja às 18h. Nesse período os voluntários começam a retirar tudo o que foi colocado no barco, o que não é pouco. Além de muitas doações, eles tiram chumaços de cabelos, pedaços de gessos, imagens pequenas, muitas cartas e bilhetes e até uma chave de carro com controle já foi encontrada. O carro não achamos até hoje... Outra coisa que eu queria deixar registrado é o sincretismo religioso dessa data, pois os umbandistas comemoram a data de sua Iemanjá e, na hora da procissão, transferem para nossa santa essa homenagem. Ao longo do percurso, desde o rio, são presença marcante e respeitam nossa passagem com muito carinho e admiração à Nossa Senhora. Sempre com pensamento a partir do credo e união dos povos. Um momento lindo de se ver e de se sentir."

Padre Remi Maldaner, 68 anos,
pároco da Igreja Nossa Senhora dos Navegantes

Festas nas águas 107

> Após um longo preparativo, em que é ricamente ornada, a imagem da santa inicia sua longa procissão pela cidade de Porto Alegre

A Festa de Navegantes de Porto Alegre é um dos eventos populares mais importantes do sul do país, mas tem origem católica, diferentemente da Festa de Iemanjá, em Salvador, ainda que atraia a devoção de um público de religião heterogênea. Foi criada a partir de uma procissão fluvial pelo rio Guaíba, que atravessa a cidade de Porto Alegre no Rio Grande do Sul. A imagem da santa era conduzida em uma embarcação desde o cais do porto até a Igreja de Nossa Senhora dos Navegantes, no centro da cidade. Essa prática, de origem portuguesa, começou em 1871, quando a santa se tornou padroeira da cidade por ser protetora dos pescadores e viajantes dos mares, rios e lagoas. Era uma enorme procissão marítima, com barcos de todos os tamanhos enfeitados de flores seguindo a embarcação principal, na qual seguia a imagem da santa. No percurso de 5 quilômetros pelo rio, era ovacionada e recebida com fogos de artifício pela população que assistia à procissão nas margens do rio, lançando flores, fitas e grinaldas com pedidos à medida que a santa passava.

Por mais de um século, a festa se manteve com essa procissão fluvial até que a parte fluvial foi suspensa. Um dos motivos alegados foi o acidente trágico ocorrido, no fim de 1989, com a embarcação *Bateu Mouche,* que provocou dezenas de vítimas no Rio de Janeiro. Preocupada com a segurança daqueles que participavam da procissão fluvial, a Capitania dos Portos suspendeu a autorização para a navegação no dia da santa. Em 2009, uma nova tentativa foi feita no sentido de voltar com a procissão dos barcos pelo rio Guaíba e, apesar de a experiência ter sido um sucesso, com a participação estimada de 800 pessoas, as autoridades locais resolveram manter a suspensão nos anos seguintes. Um dos motivos alegados é aproximar a imagem da santa da maioria dos participantes – a procissão terrestre normalmente é acompanhada, em seus dois trajetos, por cerca de 100 mil pessoas.

Depois do retorno da imagem da santa para a Igreja de Nossa Senhora dos Navegantes, o dia é destinado aos prazeres pagãos. No centro da cidade há uma intensa movimentação em torno das barracas que vendem alimentos, bebidas e lembranças da festa, que se prolonga pelo dia todo até tarde da noite.

As pessoas estão emocionadas. Há um clima de companheirismo e fraternidade que se irradia nas mesas compartilhadas dos bares, no meio do público que assiste à exibição de violeiros, repentistas e dos capoeiristas. De boca em boca, os "causos" se repetem entre os que participam da festa. Há aqueles que garantem ter sido salvos de doença fatal quando tocaram a imagem da santa – e por isso cumprem promessa de participar da comemoração todos os anos. Outros querem seus desejos atendidos pela bondade da santa: um emprego novo, um amor perdido, um pedaço de terra para sobreviver.

Afinal, todos sabem: Nossa Senhora dos Navegantes é a padroeira de Porto Alegre e, como tal, sempre ajudará seus moradores.

Festas nas águas

Água, fonte da vida

*S*ímbolo da vida, fonte primordial da existência dos seres vivos, motivo de crenças religiosas, lendas e tradições, a água sempre cumpriu um papel nobre ao longo da história do homem. Sem a água, todos sabemos, não haveria vida. Apesar disso, não faz muito tempo, havia uma cultura, principalmente no Brasil, de que a água era inesgotável – um símbolo de recurso abundante, gratuito e sempre disponível. Essa mentalidade está mudando: os fatos revelam que a água, apesar de ainda abundante em muitas regiões do território brasileiro, é um recurso valioso, cuja disponibilidade não vem acompanhando as necessidades dos centros urbanos e das áreas de grande produção agrícola.

Em princípio, não deveríamos temer o desperdício da água: o ciclo hídrico garante se tratar de um recurso renovável, já que, de uma maneira ou de outra, ela sempre volta ao ambiente, principalmente pelas chuvas – e o fato é que a quantidade de água que existe hoje no planeta é a mesma que há 3 bilhões de anos, quando o ser humano ainda não habitava a Terra.

A grande questão não é a quantidade de água que existe no planeta e, sim, sua disponibilidade. A concentração do seu uso faz com que haja carência do recurso em muitas áreas, principalmente naquelas em que há muita concentração urbana ou, ainda, em que a demanda para a agricultura seja demasiada. Além disso, as atividades econômicas podem produzir grandes fontes poluidoras, o que também prejudica, de maneira decisiva, a disponibilidade de água de boa qualidade onde ela é necessária.

Água, fonte da vida

Festas nas águas 113

Um caso emblemático é o da cidade de São Paulo. Segundo Patrick Thadeu Thomas, gerente de cobrança pelo uso dos recursos hídricos da ANA (Agência Nacional da Água), o rio Tietê tem uma vazão suficiente para abastecer toda a cidade, mas suas águas ficaram tão poluídas que não é mais viável tratá-la para distribuir à população. A solução encontrada foi, então, fazer uma transposição na bacia hidrográfica dos rios Piracicaba e Jaguari (PCJ). "Mas mesmo a bacia do PCJ já está no limite, não há mais como expandir sua utilização", diz Patrick.

A boa notícia é que ocupação não precisa, necessariamente, significar poluição das fontes de água, como atesta outro rio paulista, o Paranapanema. Ele nasce no sudeste de São Paulo e, durante seu curso, define os limites do estado com o vizinho Paraná. Apesar de atravessar regiões populosas, o Paranapanema oferece água limpa em boa parte dos seus 930 quilômetros e fornece um valioso serviço para as aglomerações urbanas ao abrigar dez usinas hidrelétricas no decorrer do seu curso.

Para garantir o abastecimento de água onde a demanda por ela é maior, porém, precisaríamos de muitos outros rios tão preservados quanto o Paranapanema. Ainda que 13% da água utilizável do planeta esteja no Brasil, há uma distribuição muito desigual desse recurso natural pelas regiões do país. No norte, por exemplo, encontra-se a maior bacia hidrográfica do mundo, a do rio Amazonas, mas a população da região, e consequentemente a demanda por água, é reduzida.

Já no interior da Região Nordeste a situação é crítica. Ainda que a densidade demográfica não seja grande, a carência de água é tanta que não há quantidade nem para atender às necessidades essenciais dos pequenos povoados e cidades, nos quais, muitas vezes, falta água até para beber. Cerca de três quartos da vazão média de água do país ocorre na Região Norte, embora, sua densidade demográfica seja quatro vezes menor que a do Nordeste.

Assim, muitas das questões, que envolvem o uso e a disponibilidade da água, estão ligadas à sua distribuição – um problema que pode ter soluções, desde que mobilize comportamentos e atitudes das populações envolvidas. "Algumas regiões do Brasil estão conseguindo usar os recursos hídricos de forma mais adequada, mas o trabalho não é simples e é preciso haver uma boa receptividade da sociedade", diz Samuel Barreto, limnologista e coordenador do Programa Água para

◂◂ A abundância de água em algumas regiões do planeta contrasta com a falta de disponibilidade em outras, principalmente nas grandes concentrações urbanas

▸ O rio Tietê e sua bacia abastece a cidade de São Paulo, mas não é suficiente para a crescente população

Água, fonte da vida

Festas nas águas

Disponibilidade por bacia hidrográfica

O Brasil possui grandes reservas de água doce. Essa água, porém, nem sempre está disponível onde há maior concentração populacional

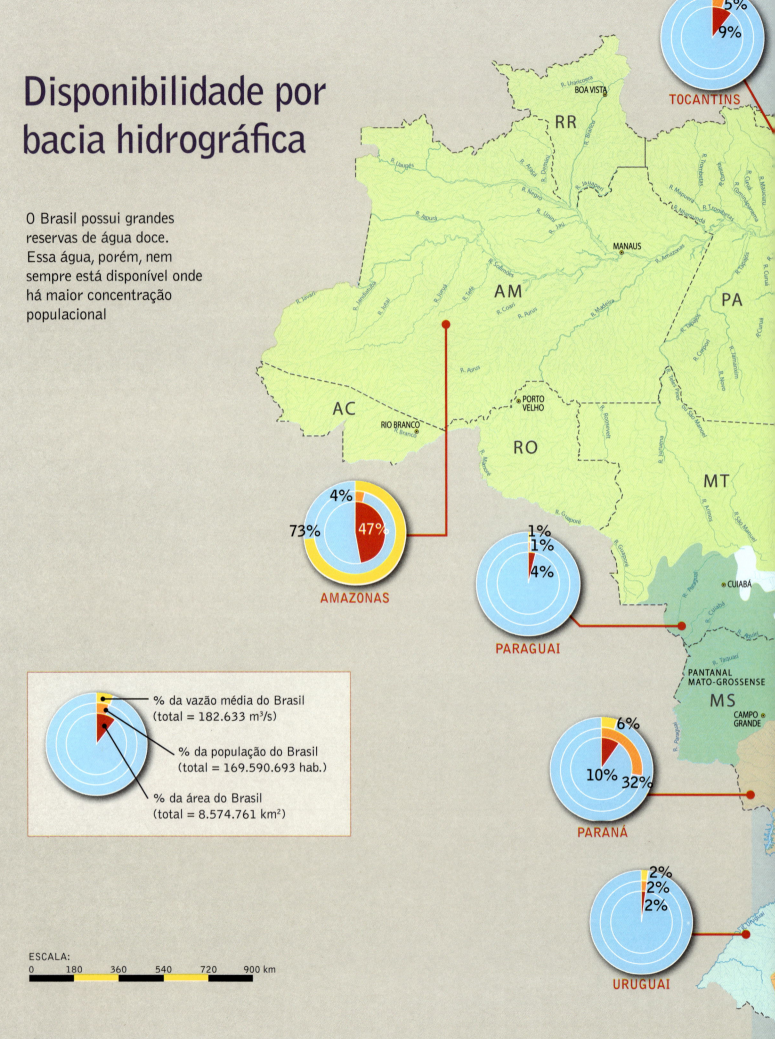

116 Água, fonte da vida

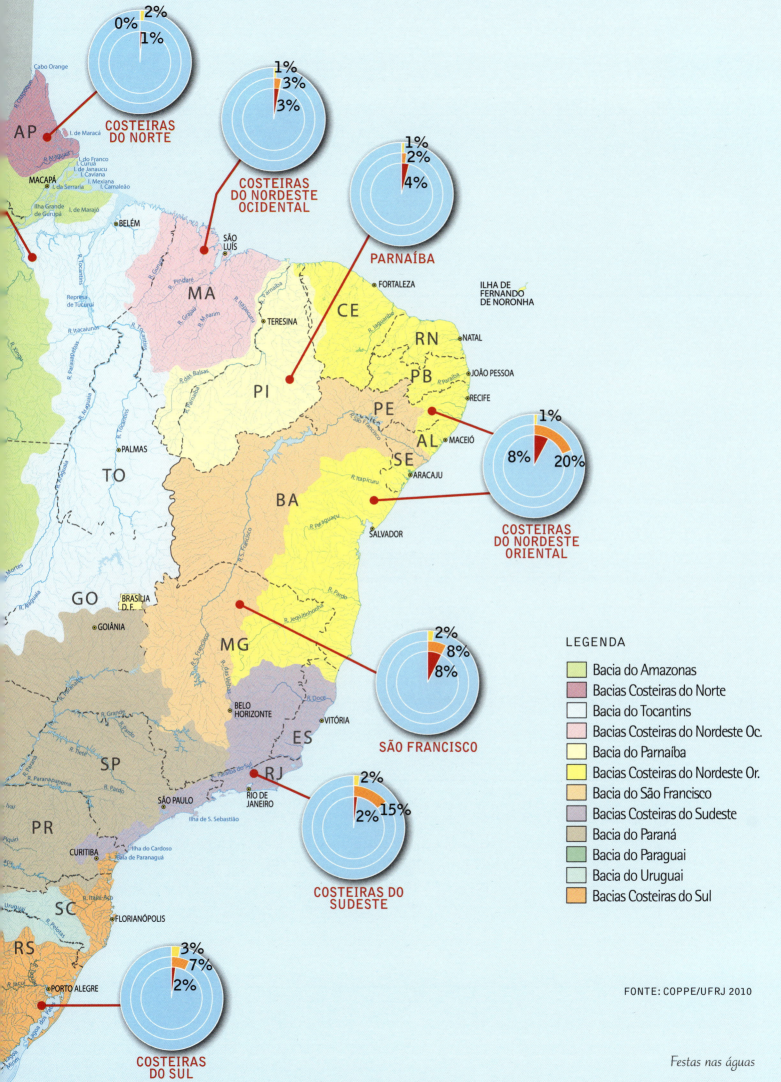

Festas nas águas 117

118 Água, fonte da vida

Os mananciais

O papel dos rios no abastecimento de água para as populações, tanto urbanas quanto rurais, é fundamental, principalmente de suas nascentes. É preciso promover condições ambientais para que elas continuem a fornecer água de boa qualidade e isso nem sempre ocorre. É essencial a manutenção da vegetação das cabeceiras e das matas ciliares ao longo das margens, pois essas têm influência direta na vazão dos rios. A vegetação aumenta o tempo de escoamento da água da chuva, ou seja, faz com que ela permaneça mais tempo em contato com o solo, o que facilita sua infiltração e armazenamento no lençol freático. Em regiões em que essa vegetação é removida, os efeitos são sentidos de forma inequívoca pelos moradores.

◄◄ Onde há boa disponibilidade de água, é possível gerar energia elétrica renovável e limpa, como em Jurumirim, no rio Paranapanema (SP)

◄ A irrigação é a atividade que mais consome água no planeta. Mas, sem ela, a produção agrícola, baseada apenas no ciclo de chuvas, seria muito inferior

a Vida, da WWF-Brasil. De acordo com ele, com planejamento seria possível, por exemplo, utilizar as águas subterrâneas do Nordeste para irrigar a lavoura e abastecer a população.

Além do problema de distribuição, o consumo da água é imensamente prejudicada pela poluição – ou seja, mesmo quando disponível, não pode ser usada. Hoje, existe tecnologia para recuperar e tratar a água, mas, dependendo do tipo de poluição, os custos não compensam.

Segundo Patrick Thomas, é do esgoto doméstico lançado nos rios a maior parcela da poluição que, hoje, inviabiliza a utilização da água em vários trechos de cursos d'água das bacias brasileiras. "Mas, claro, essa não é a única fonte de poluição", ressalva Patrick, exemplificando que, na cidade de Guaratinguetá, no Estado de São Paulo, às vezes é preciso interromper a captação de água por causa da poluição. Os produtores de arroz de fazendas instaladas um pouco antes da cidade despejam no rio uma quantidade muito grande de água utilizada para a irrigação e, portanto, cheia de produtos químicos.

A agricultura, aliás, é protagonista de algumas das questões mais importantes relativas ao uso da água. Não apenas por causa da poluição provocada pelo uso de defensivos, mas, também, pela irrigação. Na média, em todo o planeta, quase 70% da água consumida é usada pela irrigação – e esse valor tende a aumentar, já que as culturas irrigadas apresentam índices de produtividade muito maiores e é preciso produzir alimentos para atender a uma população mundial sempre crescente. No Brasil, segundo o Ministério da Integração Nacional, esse é um problema distante: a área irrigada é responsável por 16% da produção total de alimentos no país, apesar de representar apenas 5% da área plantada. De acordo com o Ministério da Agricultura, há culturas que apresentam resultados extraordinários com a irrigação, como o feijão, cuja produtividade é até 500% maior do que quando cultivado sem irrigação.

É possível, entretanto, reduzir a quantidade de água captada pela agricultura irrigada sem diminuir a produção. Segundo Eugênio Ferreira Coelho, pesquisador da Embrapa Mandioca e Fruticultura, os agricultores, de modo geral, tendem a irrigar acima do necessário. Já existem experiências muito bem-sucedidas no sentido de garantir a produção com uma quantidade de água muito menor. Um exemplo é a produção de arroz, um cereal que exige grandes quantidades de água para ser cultivado. Os rizicultores do Rio Grande do Sul adotaram técnicas com as quais é possível diminuir sensivelmente a quantidade de água para produzir o mesmo volume de arroz. Em 1960, a produção de 1 quilo do grão utilizava 5,7 mil litros de água. Hoje, com a utilização de novas técnicas, a quantidade de água necessária já caiu para mil litros.

Outros setores produtivos também têm buscado a eficiência no uso da água e alcançado bons resultados. Uma fábrica de bebidas em Jaguariúna (SP), por exemplo, passou a adotar, a partir de 2002, uma série de medidas simples que levaram à redução de quase 20% do uso da água no seu processo produtivo. Eliminação de vazamentos, reuso de água e outras providências diminuíram os custos da empresa e, ainda, reduziram a demanda por esse bem que pode estar menos disponível do que a maioria das pessoas acredita.

Cabe também ao cidadão contribuir para a preservação dos recursos hídricos a partir do consumo consciente. No Brasil, existe uma cultura arraigada do desperdício, resultado da abundância de água na maior parte do território nacional. Enquanto a ONU estabelece um parâmetro de 110 litros do líquido por dia para atender às necessidades de consumo e higiene de cada indivíduo, no Brasil o consumo por

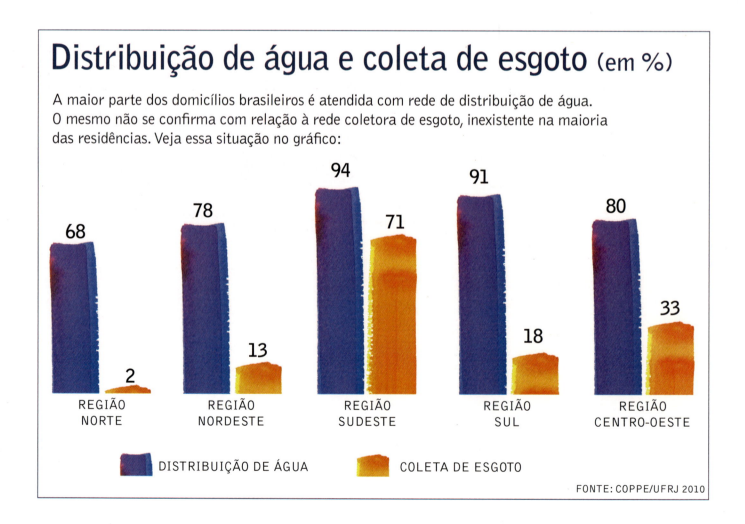

Distribuição de água e coleta de esgoto (em %)

A maior parte dos domicílios brasileiros é atendida com rede de distribuição de água. O mesmo não se confirma com relação à rede coletora de esgoto, inexistente na maioria das residências. Veja essa situação no gráfico:

REGIÃO NORTE: 68 / 2
REGIÃO NORDESTE: 78 / 13
REGIÃO SUDESTE: 94 / 71
REGIÃO SUL: 91 / 18
REGIÃO CENTRO-OESTE: 80 / 33

DISTRIBUIÇÃO DE ÁGUA   COLETA DE ESGOTO

FONTE: COPPE/UFRJ 2010

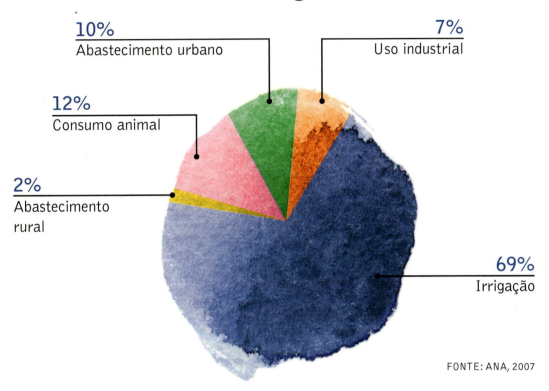

Consumo de água no Brasil

- 10% Abastecimento urbano
- 7% Uso industrial
- 12% Consumo animal
- 2% Abastecimento rural
- 69% Irrigação

FONTE: ANA, 2007

pessoa pode chegar a mais de 200 litros/dia. É um desperdício que deve ser combatido, principalmente nos centros urbanos, onde a água é cada vez mais disputada.

E quando se fala em consumo de água, a mudança de mentalidade é essencial para estabelecer atitudes mais econômicas. Nesse sentido, há muitos recursos para serem adotados. Uma deles, por exemplo, é incorporar a prática de armazenar água de chuva para substituir, pelo menos em parte, a irrigação agrícola. Esse recurso já é utilizado na zona rural e nas regiões do semiárido. No âmbito doméstico e urbano, a reutilização da água já se provou eficiente e vem sendo adotada de forma crescente. Alguns condomínios residenciais e empresas já possuem equipamentos que filtram a água usada – como, por exemplo, do chuveiro e da pia da cozinha – para que seja reutilizada na irrigação de jardins e na lavagem de pisos e carros. Outras atitudes de economia dizem respeito ao comportamento individual do consumidor – tais como diminuir o tempo sob o chuveiro e utilizar torneiras que se desligam automaticamente.

As atitudes e o esforço individual para promover o uso consciente da água, juntamente com ações promovidas pelos diversos segmentos da sociedade, como as empresas, o governo e as ONGs, podem promover o desenvolvimento de uma nova mentalidade, de fundamental importância para o momento, mas também com repercussões que podem garantir o conforto e o bem-estar das gerações futuras.

Créditos das imagens

Introdução

Pág. 8: Giovanni Battista Tiepolo, *Oferenda de Netuno a Veneza*, 1740, óleo sob tela 135x275 cm, Palácio Ducale-Veneza, Itália. WGA.HU

Pág. 9: Kaspar the Elder Memberger, *Ciclo de Arca de Noé: Entrando na Arca*, 1588, óleo sob tela 124x163 cm, Museu Residenzgalerie, Salzburgo, Áustria. WGA.HU

Pág. 10: David Pearson/Alamy/Otherimages Brasil

Pág. 11: Elói Corrêa/Ag. A Tarde/Futura Press

Círio de Nazaré

Pág. 15: Rogério Reis/Pulsar Imagens

Págs. 16-17: Rogério Reis/Pulsar Imagens

Págs. 18-19: Rogério Reis/Pulsar Imagens

Pág. 20: Peter Milko/Horizonte

Pág. 21: Patricia Gouvêa/Tempo Editorial

Pág. 23: Claudio Santos/Ag. Pará

Pág. 24: Claudio Santos/Ag. Pará

Pág. 25: Werner Rudhart/KINO

Sairé

Pág. 27: Pipo Gialluisi

Págs. 28, 29, 30, 31: Caio Vilela/Horizonte

Págs. 32-33: Pipo Gialluisi

Iemanjá

Pág. 37: Fabio Rodrigues Pozzebom/Abr

Págs. 38-39: Andrea D'Amato

Págs. 40-41: Andrea D'Amato/Samba Photo

Págs. 42-43: Rui Rezende

Pág. 45: Edgar de Souza/fotoedgardesouza.com.br

Pág. 46: Arquivo Horizonte

Pág. 47: Edgar de Souza/fotoedgardesouza.com.br

Bom Jesus da Lapa

Pág. 49: Luiz Tito/Ag. A Tarde

Págs. 50-51: Eraldo Peres

Pág. 52: Adriano Gambarini

Pág. 53: Leila Ribeiro/Ag. A Tarde

Pág. 54: Adriano Gambarini/Olhar Imagem

Pág. 55: Adriano Gambarini

Bom Jesus dos Navegantes

Pág. 57: Ricardo Lêdo

Págs. 58-59: Ricardo Lêdo

Págs. 60-61: Raphael Falavigna/Horizonte

Pág. 62: Thais Falcão/Olhar Imagem

Pág. 63: Thais Falcão/Olhar Imagem

Nossa Senhora dos Navegantes

Págs. 67 a 73: Guilherme Polidoro/Horizonte

Banho do São João

Págs. 75 a 81: Vânia Jucá

Bom Jesus de Iguape

Págs. 85 a 88, 89a; 90-91: João Correia Filho

Pág. 89b: Acervo Prefeitura de Iguape

Festa do Divino

Pág. 93: Luiz Barelli

Págs. 94-95: Andrea D'Amato/Samba Photo

Págs. 96 a 99: Raphael Falavigna/Horizonte

Nossa Senhora dos Navegantes

Pág. 103: Eduardo Tavares

Págs. 104-105: Silvio Ávila/Tempo Editorial

Pág. 106: Fredy Vieira/Folhapress

Pág. 109: Eduardo Tavares

Água, fonte da vida

Págs. 112-113: Raphael Falavigna/Horizonte

Págs. 114-115, 118-119, 122-123: Valdemir Cunha/Horizonte

Págs. 120-121: Adriano Gambarini/Duke Energy

Agradecimentos

Às fontes consultadas:

- Rafael Medeiros- Penedo – Alagoas
- Raul Marcel da Silva – Anhembi – São Paulo
- Joel Yamanaca – Santarém – Pará
- Terezinha Amorim – Santarém – Pará
- Wilson Cruz – Presidente Epitácio – Iguape
- Carlos Alberto Pereira Junior – Iguape – São Paulo
- Lauro Evilásio de Andrade – Iguape – São Paulo
- Padre Gilberto Carlos Cato – Iguape – São Paulo
- Padre Remi Maldaner – Porto Alegre – Rio Grande do Sul
- Heloisa Urt – Corumbá – Mato Grosso do Sul
- Reginalda Mendes Vera – Corumbá – Mato Grosso do Sul
- Luciana Espinoza – Corumbá – Mato Grosso do Sul